Bibliografische Information der Deutschen Nationalbibliothek:

Die Deutsche Nationalbibliothek verzeichnet diese Publikation in der Deutschen Nationalbibliografie; detaillierte bibliografische Daten sind im Internet über http://dnb.d-nb.de abrufbar.

Impressum:

Ein Imprint der GRIN Verlag, Open Publishing GmbH

Druck und Bindung: Books on Demand GmbH, Norderstedt, Germany

Coverbild: Minerva Studio @ Shutterstock

Marie Sophie Pelc

Faszination Let's Play: Warum Blogger auf YouTube so erfolgreich sind

Let's Player im deutschsprachigen Raum

2015

Abstract (Deutsch)

Zweck dieser Bachelorarbeit ist es herauszufinden, welche Faktoren für den Erfolg eines Videobloggers auf YouTube, gemessen an den Abonnentenzahlen, wesentlich sind. Dies wird am Beispiel der deutschen Let's Play Szene mithilfe einer Zuschauerbefragung unter 1.465 Teilnehmern untersucht. Im ersten Teil der Arbeit gibt die Autorin einen Überblick über die Ausgangsituation. Es werden zunächst Blogs generell, dann speziell Let's Plays, darauffolgend die Zielgruppe mit psychologischen Ansätzen und schlussendlich das Unternehmen YouTube sowie die Netzwerke vorgestellt. Danach folgt die empirische Forschung der Bachelorandin, welche hier Hypothesen und Fragen aufstellt, um die Faszination des Formats zu erklären. Die geführte Erhebung bestätigt, dass die Persönlichkeit des Bloggers eine wesentliche Rolle für seinen Erfolg spielt, wobei insbesondere Humor, Moderation-Skills und Charme wertgeschätzt werden. Zudem bietet das Format einen zusätzlichen Mehrwert für den Zuschauer, den er beim eigenen Spielen nicht erlebt. Ferner deuten die Ergebnisse darauf hin, dass Let's Plays die Kaufentscheidung des Publikums erheblich beeinflussen, was den Befragten allerdings durchaus bewusst ist.

Abstract (English)

The purpose of this thesis is to determine what factors are important for the success of video bloggers on YouTube, measured by the number of subscribers. To this end, the author uses the example of German let's players and conducts a survey with 1,465 participants. In the first part of this thesis, the author gives an overview of the basic concepts touched upon: how blogs are defined in this work, in particular the special case of let's plays, who the target group is and what psychological aspects account for their fascination for let's plays. Finally, the author introduces the concept of YouTube and describes the function of multi-channel networks. Then follows the empirical research of the author, where hypotheses explaining the fascination for the format are formulated. The results of the survey confirm that the blogger's personality is very important for his success, especially the characteristics humour, presentation skills and charm. Moreover, watching these videos offers additional value to the audience compared to playing the games themselves. Furthermore, the results indicate that let's plays do have an influencing effect on the purchase decisions of their target group. However, the target group members are very much aware of this effect.

Inhaltsverzeichnis

Abkürzungsverzeichnis

bzw.	beziehungsweise
ebd.	ebenda
Hrsg.	Herausgeber
LP	Let's Play
o.J.	ohne Jahr
o.S.	ohne Seite
o.V.	ohne Verfasser
PC	Personal Computer
u.a.	unter anderem
vgl.	vergleiche
vs.	versus
z.B.	zum Beispiel

Abbildungsverzeichnis

1 Einleitung

Am 23. April 2005 wurde das Videoportal YouTube eröffnet, damals noch „ein Start-Up aus Silicon Valley und der Wegbereiter einer Videorevolution nie gekannten Ausmaßes.“[1] YouTube wurde im Oktober 2006 von Google aufgekauft.[2] „Zehn Jahre später ist das Videoportal weltbekannt, vielgenutzt und aus dem Internet nicht mehr wegzudenken.“[3] Das zeigt sich auch an den Zahlen, die YouTube inzwischen vorweisen kann: Seiner Statistik nach hat das Unternehmen inzwischen mehr als eine Milliarde Nutzer, was ungefähr einem Drittel aller Internetnutzer entspricht.[4] Die Tendenz ist steigend, denn ständig kommt neues Videomaterial auf YouTube hinzu. So wurden allein im Jahr 2014 angeblich 300 Stunden neues Videomaterial pro Minute auf dem Videoportal hochgeladen (im Vorjahr sollen es noch 100 Stunden pro Minute gewesen sein).[5] Folglich kann das Portal YouTube als sehr erfolgreich angesehen werden. Die erwähnten Zahlen weisen ferner darauf hin, dass YouTube dem Fernsehen Konkurrenz macht:

> „Es wird viel spekuliert, ob das Fernsehen nicht irgendwann ganz durch YouTube ersetzt wird. Zwar wird in Deutschland viel ferngesehen, aber das durchschnittliche Zuschaueralter liegt mittlerweile bei vielen Sendern bei über 60 Jahren. Natürlich gibt es in Deutschland generell viel mehr ältere Menschen, aber es kommt auch kein neues jüngeres Fernsehpublikum nach.“[6]

Diese Aussage wird auch vom Forschungsinstitut Goldmedia Research unterstützt. Im Februar 2015 hat es die Ergebnisse seiner Onlinebefragung zur Nutzung von Online-Videos unter deutschen Internetnutzern veröffentlicht. Dabei hat das Institut herausgefunden: YouTube wird zum Alltagsmedium.[7]

> „YouTube gehört für junge Zielgruppen längst zu den attraktivsten Medienangeboten. Bereits 40 Prozent der 18- bis 29-jährigen deutschen Onliner benutzen YouTube täglich. Bei den 30- bis 49-Jährigen sind es 16 Prozent und bei den über

---

1 Klimeš, 2015, 1

2 Banner, 2014, 1

3 Klimeš, 2015, 2

4 YouTube (Hrsg.), o.J.

5 Banner, 2014, 2

6 Theile, 2014, 1

7 Goldmedia (Hrsg.), 2015, 1

> 50-Jährigen acht Prozent. [...] Mehr als die Hälfte der 6- bis 12-Jährigen nutzen YouTube."[8]

Befragt wurden 1.120 Internetnutzer zwischen 18 und 69 Jahren sowie 400 Eltern mit Kindern zwischen 6 und 12 Jahren.[9] YouTube erfreut sich immer größerer Beliebtheit, besonders bei jüngeren Zielgruppen. „Inzwischen werden junge Leute auf YouTube sogar zu Stars. [...] Oft sind die neuen Medienstars selbst kaum älter als ihr Publikum und haben Millionen Fans."[10] Zu jedem Fachbereich lassen sich unzählige Blogger und Videos finden. So gibt es zum Beispiel Beauty-Blogger, Videospiel-Blogger, Comedy-Blogger, Musikblogger und viele mehr.

Die YouTuber, die sich mit Videospielen beschäftigen, sind sogenannte „Let's Player". Das Format ihrer Let's Play Videos, bei denen sie sich während des Spielens beobachten lassen und den Spielverlauf ohne Skript kommentieren, wird zunehmend beliebter.[11] Ein Paradebeispiel dürfte der deutsche Blogger unter dem Künstlernamen „Gronkh" sein. Seinen YouTube-Kanal haben inzwischen mehr als 3.900.000 Nutzer abonniert.[12] Mit dieser Anzahl an Abonnenten ist Gronkh nicht nur Deutschlands erfolgreichster Let's Player, sondern auch der erfolgreichste deutsche YouTuber.[13] Diese Tatsache belegt anschaulich, welche Ausmaße das Let's Play Format im deutschsprachigen Raum angenommen hat. „In Deutschland kommen die beliebtesten Kanäle auf YouTube.com aus der Games Branche."[14]

---

8 Goldmedia (Hrsg.), 2015, 2

9 Goldmedia (Hrsg.), 2015, 3

10 o.V., 2015, a, 1

11 vgl. Theile, 2014, 2

12 YouTube-Kanal von Gronkh, 2006, 1

13 vgl. Scheuß, 2015, 1

14 comScore (Hrsg.), 2012

1.1 Zielsetzung der Arbeit

Die vorliegende Arbeit möchte folgende zentrale Frage beantworten, die sich auch im Titel wiederfindet:

- Warum sind die Blogger auf YouTube, insbesondere Let's Player, so erfolgreich?

Der Erfolg wird in dieser Arbeit an der Anzahl der Abonnenten[15] gemessen.

Die Verfasserin konzentriert sich bei ihrer Forschung beispielhaft auf das Let's Play Format im deutschsprachigen Raum. Um die zentrale Frage der Arbeit verlässlicher zu erforschen, müssen zunächst Teilfragen geklärt werden, die sich näher auf die Zielgruppe beziehen:

- Wer gehört zur Zielgruppe solcher Let's Play Videos?
- Wie viel Zeit verbringt die Zielgruppe damit, Videos der Let's Player anzuschauen?
- Welchen Mehrwert verspricht sich die Zielgruppe von Let's Plays, bzw. was macht für sie die Faszination dieses Formats aus?
- Was ist der Zielgruppe bei einem Let's Play besonders wichtig?
- Haben Let's Player bewusst oder unbewusst Einfluss auf ihre Zielgruppe und deren Kaufentscheidung auf dem Gaming-Markt?
- Wird die Zielgruppe auch künftig dem Let's Play Format treu bleiben?

Diese Fragen werden zunächst mit Hilfe einer vollstandardisierten Befragung erforscht. Anschließend wird eine begleitende, theoretische Analyse durchgeführt. Dabei können Erkenntnisse über die Zielgruppe gewonnen werden, die zum einen für all jene interessant sind, die sich beruflich oder in der Freizeit mit Let's Plays beschäftigen. Zum anderen kann die Arbeit auch aufschlussreich für die Unternehmen der Gaming-Industrie sein.

---

15 Als „Abonnenten“ werden auf YouTube die Follower der Videoblogger bezeichnet. Abonnements auf YouTube sind kostenlos.

1.2 Methodik

Die vorgenannten Fragen werden mittels einer vollstandardisierten Befragung untersucht, das heißt „Fragen, Reihenfolge und Antwortmöglichkeiten sind bis auf wenige offene Fragen vorgegeben".[16] Die Befragung wurde im Zeitraum von zehn Tagen in schriftlicher Form im Internet durchgeführt. Sie wurde auf den Social Media Portalen Facebook, Twitter, Google+ und Reddit sowie YouTube gestreut. Auf diesen Portalen und in ausgewählten Gaming-Foren wurden gezielt potenzielle Teilnehmer angesprochen, die mit dem Let's Play Format vertraut sind und aus dem deutschsprachigen Raum kommen. Auf YouTube hat die Verfasserin direkten Kontakt zu den Fangemeinden einiger deutscher Let's Player aufgenommen. Aus diesem Grund ist die Umfrage auf den deutschsprachigen Raum und die betreffende Zielgruppe beschränkt. Auf die Vorgehensweise, Entwicklung und das Ergebnis der Befragung geht die Verfasserin im Folgenden noch detailliert ein. Der verwendete Fragebogen ist im Anhang dieser Arbeit zu finden.

1.3 Gliederung

Zu Beginn dieser Bachelorarbeit führt die Verfasserin durch den bereits bestehenden Stand der Wissenschaft: Im Unterkapitel „2.1 Die Bedeutung von Blogs" geht die Verfasserin auf die mediale und wirtschaftliche Bedeutung von Blogs ein. Hier werden die Vor- und Nachteile der Blogs für die dazugehörige Zielgruppe erläutert und es wird erklärt, unter welchen Umständen Blogs für Wirtschaftsunternehmen interessant werden können.

Das Unterkapitel „2.2 Let's Plays" bezieht sich komplett auf gleichnamiges Format. Hier findet der Leser die Begriffsdefinition, Herkunft des Formats sowie vermeintliche Erfolgskriterien eines guten Let's Players nach Expertenmeinungen. Es werden zudem einige Let's Player vorgestellt, an deren Beispiel in dieser Arbeit geforscht wird.

Im Unterkapitel „2.3 Die Zielgruppe" wird dargestellt, wie sich die Zielgruppe zusammensetzt, welches die Eigenschaften der Zielgruppe sind und welchen Mehrwert diese sich von dem Let's Play Format verspricht. Zudem werden in diesem Unterkapitel die psychologischen Aspekte der „Selbstoffenbarung des Bloggers" und der „Interpassivität" beleuchtet, welche die Faszination von Let's Plays noch tiefer ergründen werden.

---

[16] Andreß, 1999, 1

Im Unterkapitel „2.4 Die Stars von morgen und ihr Einfluss“ werden der in der YouTube-Szene existierende „Star-Hype“, der Einfluss der Blogger auf ihre Zielgruppe und das Zustandekommen der Entwicklung von Bloggern als Influencer und Werbegesicht beschrieben. Um den Einfluss und die Größe von YouTube zu verdeutlichen, wird die Verfasserin versuchen, das Netzwerk hinter dem Portal zu erklären, denn dem normalen Internetnutzer bleibt das riesige Geschäft, zu dem YouTube inzwischen geworden ist, in der Regel verborgen.

Im dritten Kapitel der Arbeit folgt die tatsächliche Forschung der Autorin. Hier werden zunächst die Hypothesen der Verfasserin vorgestellt. Danach wird die Herangehensweise der Forschung detailliert erläutert. Im Weiteren wird die Entwicklung der Forschung dokumentiert und schließlich die Ergebnisse der Erhebung vorgestellt und analysiert. Auf Basis der Ergebnisse werden dann die Hypothesen bestätigt oder widerlegt. Das dritte Kapitel endet mit einer Zukunftsprognose.

Eine Zusammenfassung der Ergebnisse fasst das letzte Kapitel dieser Arbeit.

2 Stand der Wissenschaft

Der Stand der Wissenschaft wird helfen, die aktuelle Situation um YouTube, seine Blogger und deren Publikum besser nachvollziehen zu können. Mittels Begriffsdefinitionen, Expertenmeinungen, Reportagen, Studien und Zahlenmaterial bestehender Statistiken wird der Leser in die Thematik der Arbeit und der verschiedenen Schwerpunkte eingeführt. Der Leser wird folglich die Ergebnisse der Forschung besser nachvollziehen und der Thematik zuordnen können.

2.1 Die Bedeutung von Blogs

Der Begriff „Blog“ wird wie folgt definiert:

„Das Wort Weblog (so lautet eigentlich der Name des weithin als „Blog” gefassten Online-Produkts) entstand als Zusammenschluss aus den englischen Begriffen „World Wide Web” und „Log” für Logbuch.”[17]

> „Ein Blog ist ein elektronisches Tagebuch im Internet. Typische Anwendung des Web 2.0. Im Gegensatz zu einer persönlichen Homepage, die eine Art Visitenkarte des Betreibers darstellt, handelt es sich bei einem Blog um ständig aktualisierte und kommentierte Tagebucheinträge, die [...] abonniert werden können.“[18]

Auch videobasierte Weblogs, wie YouTube Videos, gehören dazu.[19] „Blogs sind oft sehr persönlich verfasst und unterliegen meist nicht denselben journalistischen Ansprüchen wie ein Magazin oder eine Tageszeitung.“[20] Genau dort liegt die entscheidende Differenz zwischen Blog und Online-Journalismus.

2.1.1 Blogs aus medialer Sicht

Blogger brauchen sich um die Grundregeln des Journalismus, die ethischen Fragen und die Pflichten eines Journalisten, was Sorgfalt und Wahrheitsgehalt betrifft, nicht zu kümmern.[21] „Der Blog ist ein [...] eigenständiges Medium und gehorcht eigenen Regeln. [...] Das macht gerade seine Besonderheit, ja seinen Reiz aus. Im Einzelfall kann ein Post als Kommentar, Bericht, Rezension, Glos-

---

17 Basic, o.J., 1

18 Prof. Dr. Kollmann, o.J.

19 vgl. Stiegler/Breitenbach/Zorbach, 2015, S.115, 1

20 Basic, o.J., 2

21 vgl. Könneker, 2009, 1

se, Interview, usw. daherkommen."[22] Die sogenannte „Blogosphäre", die alle bestehenden Weblogs umfasst, wird sogar als weitere mediale Form der Nachrichtenberichterstattung und der Meinungsbildung bezeichnet, entstanden durch die „partizipativen Möglichkeiten" des Internets.[23]

> „In Deutschland war die Entwicklung zäh und langsam, aber sie kommt tatsächlich in Schwung. Für eine parallele Öffentlichkeit sorgen zum Beispiel lokale Blogs und Portale, Twitterer [...] und Videoblogger auf YouTube. Themenkarrieren verlaufen jetzt unabhängig von den Regeln [...] etablierter Redaktionen. Fach-, Interessens- und lokale Gruppen setzen Themen jenseits der Schlagzeilen. Sie agieren komplementär zum Mainstream-Journalismus."[24]

„Da keine Qualifizierung oder Ausbildung nötig ist, um einen Blog zu erstellen, kann die Qualität, Berichterstattung und Glaubwürdigkeit von Blogs stark variieren."[25] Deshalb seien laut dem Redakteur Micheal Meyer die allermeisten Blogs in Deutschland publizistisch kaum relevant, da die Professionalität beim Erstellen von Bloginhalten in den meisten Fällen nicht gegeben sei.[26] Blogs können gewollt oder ungewollt unzuverlässige Informationsquellen sein sowie Behauptungen aufgrund subjektiver Empfindungen aufstellen. Besonders prekär würden sich diese negativen Aspekte des Bloggens auswirken, wenn der Blog eine mittlere bis hohe Reichweite innerhalb seiner Zielgruppe erreicht und die Zielgruppe solchen Falschaussagen Glauben schenkt. Desweiteren könnte es zu Kettenreaktionen kommen, wenn andere Blogger diese Behauptungen für ihren Blog aufgreifen oder die Leser des Blogs die Behauptungen in sozialen Netzwerken weiterverbreiteten.

> „Blogger [...] sind neue massenmediale Akteure, die an Einfluss gewinnen. Nicht ausschließlich Journalisten übernehmen die mediale Deutung gesellschaftlicher Entwicklungen. In der neuen digitalen Öffentlichkeit entfalten so zum Beispiel Skandale eine Virulenz, die Reaktionen dringend erfordere und jedes Aussitzen ausschließe, sagt der Hamburger Medienforscher Steffen Burghard."[27]

---

[22] Könneker, 2009, 2

[23] vgl. Stiegler/Breitenbach/Zorbach, 2015, S.115, 2

[24] Matzen/Rosenberg, 2015, 1

[25] Stiegler/Breitenbach/Zorbach, 2015, S.115, 3

[26] vgl. Meyer, 2015

[27] Matzen/Rosenberg, 2015, 2

Durch ihre Unabhängigkeit und Authentizität verfügen Blogger mit einer hohen Reichweite über eine enorme Überzeugungskraft bei ihrer Zielgruppe und können daher Trends mitentwickeln und das Meinungsgefüge im Internet mitbestimmen.[28] Dieses sind natürlich Vorteile für den Blogger, aber welchen Mehrwert haben Menschen, die Bloggern folgen, eigentlich von den Blogs?

Wie schon von den Autoren Christian Stiegler, Patrick Breitenbach und Thomas Zorbach erwähnt, braucht es keine Qualifizierung oder Ausbildung, um einen Blog zu erstellen.[29] Das bedeutet, dass Jeder ein Autor sein kann. Ein wesentlicher Reiz des eigenen Bloggens und der einem Blog zu folgen besteht also darin, selbst seine Meinung bzw. seine eigenen Gedanken mit anderen Menschen derselben Interessensgruppe zu teilen. Es können Informationen, Ansichten, Meinungen oder Ratschläge untereinander ausgetauscht werden. „Zum einen ist man durch das Internet mit vielen Menschen vernetzt, zum anderen verbreiten sich Nachrichten und Meinungen sehr schnell."[30] Dadurch kommen rasch Dialoge und Diskussionen in den Kommentarfunktionen der Blogs zustande, entweder zwischen dem Blogger und seinem Publikum oder innerhalb des Publikums. Oft regen Blogger sogar zur Diskussion in den Kommentaren an wie der Videoblogger „LeFloid". Er betreibt Blogs mehrerer Formate. Sein wohl bekanntester Blog ist der gleichnamige Nachrichten-Kanal auf YouTube. Er schreibt: „Es passiert viel in der Welt! Egal ob lustig, furchtbar, zum Schreien, oder einfach Unfassbares... Lasst uns drüber sprechen!"[31]

Desweiteren entsteht beim Austausch mit Gleichgesinnten ein Gemeinschaftsgefühl. Deshalb wird das Stammpublikum eines Bloggers auch als Community (zu deutsch „Gesellschaft") bezeichnet. Ein weiterer Aspekt warum Bloggern viel Aufmerksamkeit geschenkt wird, ist die Authentizität.

> „Die Sprache des Internets ist heutzutage persönlich und subjektiv. Somit wird der Eindruck von Authentizität vermittelt und Vertrauen aufgebaut. Wer einem Blog folgt [...], weiß dass [...] der Blogger uns oft (scheinbar) vertrauter ist als die eigenen Nachbarn. Genau aus diesem Grund sind die virtuellen Meinungsführer so überzeugend und einflussreich."[32]

---

[28] vgl. Bimboese, 2014, 1

[29] Stiegler/Breitenbach/Zorbach, 2015, S.115, 4

[30] Schober, 2014, 1

[31] YouTube-Kanal von LeFloid, 2007

[32] Schober, 2014, 2

> „Die großen Kanäle und ihre Nutzer, die dahinter stehen, vermitteln ihren Zuschauern das Gefühl, ein Teil ihres Lebens zu sein, hautnah dabei sein zu dürfen. Sie übertragen das Gefühl einer wahren Freundschaft."[33]

Durch diese scheinbare Freundschaft begegnet der Blogger seinem Publikum auf Augenhöhe. Das bedeutet auch, dass auf der freundschaftlichen Ebene der Community eine subjektive Meinungsäußerungen zu publikumsrelevanten Themen gewünscht ist wie zum Beispiel Produkt-Empfehlungen.

Dass viele Verbraucher im Netz Blogger für Produkt-Empfehlungen aufsuchen, belegt auch der „Digital Influence Report 2013" von TechnoratiMedia. TechnoratiMedia, angeblich eine der größten Monitoring-Seiten für Blogs, hat eine Studie durchgeführt, an der 6.000 Influencer, 1.200 Verbraucher und 150 Vermarkter teilgenommen haben.[34] 45 Prozent der befragten Verbraucher gaben an, sich via Blog über Produkte zu informieren.[35] Über Marken-Webseiten informieren sich lediglich 19 Prozent der Befragten.[36] Online-Shops als Informationsquelle liegen aber mit 50 Prozent immer noch vor den Blogs.[37] Am häufigsten werden YouTube (80 Prozent) und Facebook (74 Prozent) zur Informationsgewinnung genutzt.[38] Das bedeutet auch, dass Videoblogger öfter für Produktinformationen und Empfehlungen aufgesucht werden als klassische Textblogger.

2.1.2 Blogs aus wirtschaftlicher Sicht

Dennoch sind Blogs für die wirtschaftliche Agenda der breiteren Öffentlichkeit von eher geringer Bedeutung.[39] Erst wenn ein Blog Gewinn für den Betreiber abwirft, wird dieser wirtschaftlich relevant. Der eigens ernannte Marktplatz für Blogmarketing und Blogvermarktung „Rankseller" hat 2013 eine Umfrage unter 2.344 Bloggern durchgeführt. Dieser Umfrage zufolge haben 71 Prozent der Blogger Geld mit ihren Blog verdient.[40] Allerdings läge bei 63,5 Prozent der Blogger das monatliche Einkommen unter 300 Euro, während nur 13 Prozent

---

33 Noschka, 2015, 1

34 vgl. Bimboese, 2014, 2

35 vgl. TechnoratiMedia (Hrsg.), 2013, 1

36 vgl. ebd., 2013, 2

37 vgl. ebd., 2013, 3

38 vgl. ebd., 2013, 4

39 vgl. Semle, 2011

40 vgl. Rankseller (Hrsg.), 2013, 1

der Blogger angaben, über 1.000 Euro im Monat zu verdienen.[41] „Folglich interessieren sich auch fast alle Blogger (91,4 Prozent) für Kooperationen mit Unternehmen.“[42] Aber beruht dieses Interesse auf Gegenseitigkeit? Das dürfte wohl von verschiedenen Eigenschaften des Bloggers abhängen. Genauer gefragt: Welche Zielgruppe erreicht der Blogger? Wie groß ist seine Reichweite? Kann er als glaubwürdiger Influencer[43] auf die Zielgruppe einwirken? Ist seine Zielgruppe kaufkräftig und -willig?

Nur Blogger, die mit hoher Professionalität und gutem Geschäftssinn arbeiten, erfüllen diese Voraussetzungen und sind für Wirtschaftsunternehmen interessant. Wenn bedacht wird, dass dies nur auf einen kleinen Teil der deutschen Blogsphäre zutrifft, verwundert es auch nicht, dass die Unternehmen bislang keinen großen Budgetrahmen für solche Kooperationen bzw. Werbemaßnahmen durch Influencer Marketing[44] einplanen.

Diese Erkenntnis ist auch dem „Digital Influence Report 2013“ von TechnoratiMedia zu entnehmen. Der Studie zufolge planen Marken-Unternehmen von ihrem digitalen Budget nur 10 Prozent für Werbung über Social Media ein.[45] Von diesen 10 Prozent, als Gesamtbudget gesehen, werden wiederrum nur 6 Prozent für Influencer Marketing ausgegeben und 5 Prozent für Werbung, die auf Blogs geschaltet wird.[46] Immerhin sind von diesem Gesamtbudget 13 Prozent für Werbeanzeigen auf YouTube eingeplant[47], was für diese Bachelorarbeit von Interesse ist, da YouTube hier eine größere Rolle spielt. Einen Teil der Werbeeinnahmen der Plattform dürfen Videoblogger dafür einbehalten, dass sie Werbung vor, nach oder während ihrer Videos platzieren. Dennoch: Das Budget, das Marken-Unternehmen für die Zusammenarbeit mit Bloggern in jeglicher Form einplanen, ist gering.

---

41 vgl. Rankseller (Hrsg.), 2013, 2

42 ebd., 2013, 3

43 Influencer (Engl. für „Meinungsführer“) können Trends und Hypes im Internet auslösen und beeinflussen, weshalb sie von Unternehmen und Agenturen als Multiplikatoren für Werbebotschaften eingesetzt werden. (Quelle: Mai, 2012)

44 Influencer Marketing ist eine Marketingdisziplin, die gezielt Meinungsmacher in die Kommunikation einbindet. Quelle: Eicher, 2015

45 vgl. TechnoratiMedia (Hrsg.), 2013, 5

46 vgl. ebd., 2013, 6

47 vgl. ebd., 2013, 7

Die Ergebnisse des „Digital Influence Report“ zeigten aber auch, dass es eine hohe Diskrepanz zwischen der Budgetverteilung der Unternehmen und den Präferenzen der Konsumenten bei ihren Kaufentscheidungen gibt.[48] Bei der Konsumenten-Befragung der Studie meinten 31,1 Prozent von 1.200 Teilnehmern, dass Blogs ihre Kaufentscheidungen beeinflussen.[49] Damit liegen Blogs, was den Einfluss auf die Kaufentscheidung betrifft, sogar noch vor Facebook (30,8 Prozent).[50] Allerdings orientiert sich die Mehrheit der Befragten in Bezug auf ihre Kaufentscheidung an Online Shops (56 Prozent) und den entsprechenden Marken-Webseiten (34 Prozent).[51]

2.2 Let's Plays

Wie schon im Kapitel “1.1 Zielsetzung der Arbeit” erwähnt, konzentriert sich die Autorin im weiteren Verlauf ihrer Bachelorarbeit auf Videoblogger, die auf der Plattform YouTube populär geworden sind, hier im Besonderen die Let's Player. Im folgenden Kapitel werden Fakten zum Format erklärt, Expertenmeinungen und Pressestimmen beleuchtet und Vertreter der deutschen Let's Play Szene vorgestellt. Zunächst jedoch wird eine wesentliche Frage beantwortet: Was sind eigentlich Let's Plays?

> „Let's Plays (Engl. für „lasst uns spielen“) sind kommentierte Gameplayvideos. Das heißt: Spieler filmen ihren Bildschirm beim Spielen während sie live kommentieren. Es gibt auch Let's Play Videos, in denen man außerdem das reale Gesicht des Spielers sieht. Bei Let's Play Together Videos spielen mehrere Spieler kooperativ und konfrontativ. Let's Play Videos werden oft von Komplettlösungsvideos oder Spieltests unterschieden. Bei Let's Plays steht eher die Unterhaltung im Vordergrund, nicht die Information.“[52]

Dieser Definition muss noch die wichtige Information hinzugefügt werden, dass Let's Player den Spielverlauf spontan und ohne Skript kommentieren.[53] Der Trend der Let's Play Videos kommt ursprünglich aus Amerika. Der Begriff „Let's Play“ tauchte erstmalig im Forum der Webseite „Something Awful“ im

---

48 vgl. Bimboese, 2014, 3

49 vgl. TechnoratiMedia (Hrsg.), 2013, 8

50 vgl. ebd., 2013, 9

51 vgl. ebd., 2013, 10

52 Tausend, o.J.

53 vgl. Theile, 2014, 3

Jahr 2006 auf.[54] Allerdings wurde dort der Spielverlauf noch per Text und Screenshots dokumentiert.[55] Der erste User[56], der seinen kommentierten Spielverlauf zum Videospiel „The Immortal“[57] in Form eines Videos veröffentlichte, nannte sich „Slowbeef“ und wird somit als Gründer des Let's Plays gesehen.[58]

> „Diese Videos erfreuten sich in dem Forum großer Beliebtheit, woraufhin 2007 sogar das Let's Play Archiv gegründet wurde, in dem sich bis heute noch viele Let's Plays aus dem „Something Awful“ Forum finden lassen.“[59]

Der erste deutsche Let's Player soll „Valdis348“ gewesen sein, der am 22.10.2008 das erste Let's Play Video zu dem Spiel „Overlord“[60] veröffentlicht haben soll.[61] Da das ursprüngliche Video jedoch gelöscht wurde, ist nur der Re-Upload[62] vom 02.03.2010 zu finden.[63] Welche Meilensteine das Let's Play Format seit seiner Entstehung bereits erklommen hat, zeigt Abbildung 1 am Beispiel der Entwicklung einiger bestimmter Let's Play Kanäle. In dieser Abbildung wird auch PewDiePie, der weltweit meist abonnierte YouTuber überhaupt, erwähnt.

---

54 vgl. Menzel, 2014, 1

55 vgl. Menzel, 2014, 2

56 Ein User (Engl. für „Anwender“) ist jemand, der einen Computer benutzt.

57 „The Immortal“ ist ein Computerspiel von 1990.

58 vgl. Menzel, 2014, 3

59 Menzel, 2014, 4

60 „Overlord“ ist eine Videospielreihe, deren erster Teil im Jahr 2007 rauskam.

61 vgl. Menzel, 2014, 5

62 Re-Uploads (Engl. für „erneut hochladen“) bezeichnen im Kontext dieser Arbeit Videos auf YouTube, die erneut hochgeladen werden mussten, weil die vorherige Version gelöscht wurde oder nicht mehr funktioniert.

63 vgl. Menzel, 2014, 6

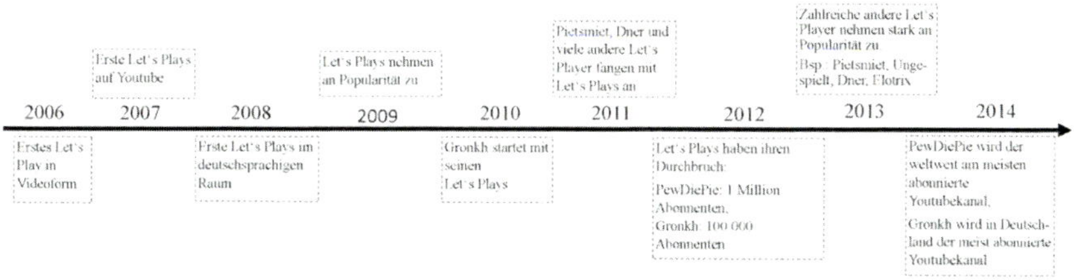

Abbildung 1: Die Entwicklung des Let's Play Formats auf YouTube[64]

Gerade in den ersten Jahren, in denen Let's Plays aufkamen, hatten die Moderatoren oft mit Urheberrechtsproblemen zu kämpfen. Denn die Videospiele mit ihren Inhalten, Dialogen und Geschichten als Gesamtwerk gehören rechtlich gesehen den Entwicklern und Publishern[65]. Im Jahr 2013 gab es seitens YouTube sogar eine große Abmahnungswelle, die sehr viele Let's Player betraf.[66]

Dann passierte etwas, womit die Betreiber von YouTube nicht gerechnet hatten: Die Videospielhersteller schlugen sich blitzschnell auf die Seite der Moderatoren und nahmen sie in Schutz.[67]

> „Die großen Spielehersteller Blizzard, Ubisoft, Capcom oder Deep Silver beeilten sich, die Videoproduzenten mit aufmunternden Stellungnahmen zu beruhigen. Alle vier forderten die „Let's Play" Spieler auf, ihre Videos bitte nicht zu löschen und die Abmahnungen an die Spielehersteller weiterzuleiten. Sie versprachen unisono, das Problem mit YouTube schnell zu klären – „hoffentlich noch am selben Tag", schrieb Ubisoft sogar."[68]

Der Grund für diese eindeutige Reaktion: Die Spielehersteller freuten sich über die kostenlose Werbung und tolerierten Let's Play Videos als „Fan-Art[69]".[70] Auch die Spieleschmieden Electronic Arts, Nintendo und Rockstar Games ha-

[64] Menzel, 2014, 7

[65] Als Publisher (Engl. für „Verleger") werden in dieser Arbeit Unternehmen bezeichnet, die Videospiele veröffentlichten bzw. vertreiben.

[66] vgl. Kaiser, 2013, 1

[67] vgl. Kaiser, 2013, 2

[68] Kaiser, 2013, 3

[69] Als „Fan-Art" werden in dieser Arbeit künstlerische Werke bezeichnet, die von Fangruppen angefertigt werden und in denen Inhalte, Charaktere und anderes Gedankengut von bestehenden Filmen, Serien, Videospielen, Comics oder ähnlichem verwendet werden.

[70] vgl. Ludwig, 2013

ben sich bereits positiv dazu ausgesprochen.[71] Daedalic Entertainment gestand sogar einen Anstieg der Verkaufszahlen durch die kostenlose Werbung der Let's Plays ein.[72] Durch das Befürworten der Spielehersteller ist YouTube mit seinen Abmahnungen jedenfalls wieder zurückgerudert. Inzwischen sind Let's Play Videos auch für YouTube äußerst attraktiv geworden, wie Philipp Steuer, ein einst für Google Deutschland arbeitender Marketer und Influencer, wissen will. Ihm zufolge bevorzuge die Plattform inzwischen sogar Let's Play Videos, indem sie dieses Format in Suchergebnissen und Empfehlungen höher rankt als andere.[73]

> „Das Hauptziel der Plattform ist es, den Zuschauer so lange wie möglich bei sich zu halten. Je mehr Minuten er auf YouTube verbringt, desto höher die Wahrscheinlichkeit, dass er mehr Videos anklickt und so eben auch mehr Werbung sieht. Das Werbegeschäft lohnt sich für die Google-Tochter YouTube extrem, im deutschen Raum streicht man alleine 45 Prozent aller Werbeeinnahmen ein. So verwundert es nicht, dass Let's Plays mit einer durchschnittlichen Videolänge von +10 Minuten dadurch gegenüber Comedy-Videos im Vorteil sind und dementsprechend eher von YouTube vorgeschlagen werden. Zudem haben Let's Plays den Vorteil für die Videomacher, diese relativ „schnell" produzieren zu können. Aus einer Stunde Gaming kann man im Idealfall drei Folgen schneiden."[74]

2.2.1 Was macht einen guten Let's Player aus?

„Da keine Qualifizierung oder Ausbildung nötig ist, um einen Blog zu erstellen, können Qualität, Berichterstattung und Glaubwürdigkeit stark variieren."[75] Dieses Zitat aus dem Kapitel „2.1.1 Blogs aus medialer Sicht" nochmals aufzugreifen, ist für das bessere Verständnis dieser Untersuchung wichtig, weil es natürlich auch für Videoblogger und die betreffenden Let's Play Kanäle gilt.

> „Ein Grund für die Zunahme von Let's Play Videos ist sicherlich auch, dass ein gutes Videobearbeitungsprogramm heute für jedermann erschwinglich ist. Auch ohne viel technisches Wissen können die internetaffinen Jugendlichen am heimischen PC relativ einfach solche Let's Play Videos erstellen und innerhalb von Minuten auf der bekannten Videoplattform hochladen."[76]

---

[71] vgl. Böhm, 2012

[72] vgl. Schnitzler, 2015

[73] vgl. Steuer, 2015, 1

[74] Steuer, 2015, 2

[75] Stiegler/Breitenbach/Zorbach, 2015, S.115, 5

[76] Lommen, 2015

Woran lässt sich dann ein guter Let's Play Kanal erkennen? Gibt es eventuell Erfolgskriterien, die alle erfolgreichen Let's Player gemein haben? Viele Journalisten und Blogger haben sich bereits mit diesen Fragen beschäftigt, um einen „Masterplan" für einen erfolgreichen Let's Play Kanal zu erstellen. Diese Pläne ähneln sich sogar, auch wenn die Autoren unabhängig voneinander gearbeitet haben.

Eine umfangreiche Auflistung der vermeintlichen Erfolgskriterien veröffentlichte zum Beispiel auch Peer Wandiger, selbstständiger Webentwickler und Blogger. Um die Faktoren des Erfolgs darzustellen, wird seine Auflistung in dieser Arbeit als Beispiel verwendet. Er nennt folgende Faktoren:

- **Startzeitpunkt**
  Es sei von Vorteil, Videos zu veröffentlichen, die es zum Startzeitpunkt des eigenen Kanals so noch nicht gäbe oder die noch nicht so im Trend lägen. Namentlich erwähnt er hier Gronkh, der seinen Kanal im April 2010 gründete und somit zu den ersten deutschen Let's Playern gehört.[77]

- **Ausdauer**
  Durchhaltevermögen sei wichtig, meint Peer Wandiger. Es wäre unrealistisch zu glauben, über Nacht erfolgreich zu werden. Es könne Jahre dauern, bis ein Let's Player über eine stabile Fanbasis verfüge und der Blog Gewinn abwerfe, wenn es überhaupt jemals dazu käme. Als Beispiel nennt er wieder Gronkh, der vier Jahre gebraucht hat, bis er von seinem Blog leben konnte.[78]

- **Person**
  Bei einem guten Let's Play käme es auch wesentlich auf die Selbstpräsentation des Moderators an. Nicht jeder hätte das Zeug zu einem guten Präsentator. Humor, Schlagfertigkeit, Kreativität und ähnliche Eigenschaften würden wesentlich zur Beliebtheit beim Publikum beitragen. Auch müsse ein beliebter Blogger mit der Aufmerksamkeit, die er auf sich zieht, lernen umzugehen.[79]

[77] vgl. Wandiger, 2013, 1

[78] vgl. Wandiger, 2013, 2

[79] vgl. ebd., 2013, 3

- **Qualität**
  „Die Qualität des Videos gehört ebenso dazu. Eine gute Aussprache, möglichst wenig oder zumindest ein angenehmer Dialekt, Ausdruck und Sprachgewandtheit haben durchaus einen positiven Einfluss auf den Erfolg.“[80] Auch die technische Qualität des Videos wäre entscheidend. So würde ein gutes Mikrofon zum Beispiel für eine hohe Tonqualität sorgen.[81]

- **Know How**
  „Um als Let's Player erfolgreich zu werden, bedarf es auch eines gewissen Know Hows. Das betrifft natürlich vor allem die technische Seite, aber auch kaufmännisch muss man etwas Ahnung haben.“[82]

- **Vermarktung**
  Desweiteren würden sich viele erfolgreiche Let's Player über soziale Netzwerke und eigene Webseiten selbst vermarkten.[83]

- **Nische**
  “Eine Nische zu finden, die noch nicht so überlaufen ist, kann ebenfalls sehr dabei helfen erfolgreich zu werden. Es macht wenig Sinn das hundertste Minecraft Let's Play zu starten.”[84]

Auf die meisten erfolgreichen Let's Player treffen alle genannten Faktoren zu, was diese Auflistung gewissermaßen bestätigt. Im Folgenden werden die fünf erfolgreichsten deutschen Let's Player vorgestellt. Der erfolgreichste deutsche Moderator wird zudem nach den genannten Erfolgskriterien durchleuchtet.

2.2.2 Die erfolgreichsten deutschen Let's Player

Hierzu dürfen sich Gronkh, Dner, PietSmiet, Sarazar und GermanLetsPlay zählen. Diese Fünf wurden von der Verfasserin ausgewählt, weil jeder von ihnen mehr als eine Million Abonnenten hat. Die folgende von der Bachelorandin erstellte Abbildung 2 stellt dar, wie sich die Abonnentenzahlen der betreffenden Let's Player im Bearbeitungszeitraum entwickelt haben.

---

80 ebd., 2013, 4

81 vgl. ebd., 2013, 5

82 ebd., 2013, 6

83 vgl. ebd., 2013, 7

84 Wandiger, 2013, 8

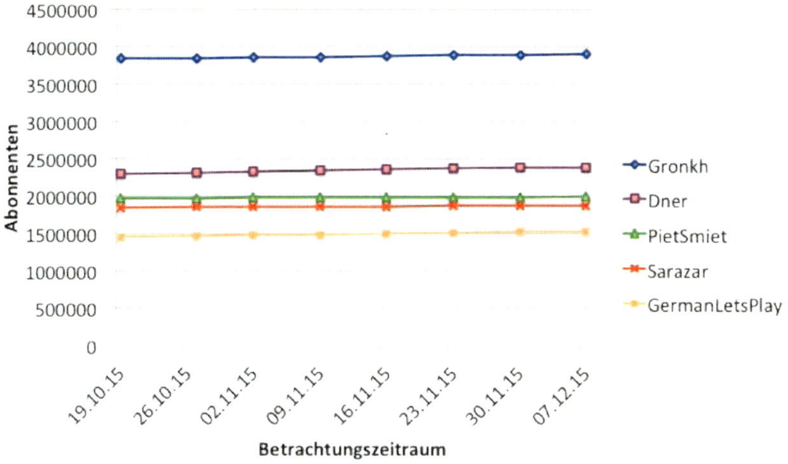

Abbildung 2: Entwicklung der Abo-Zahlen der Let's Player

Erik Range, alias „Gronkh", ist mit mehr als 3.900.000 Abonnenten[85] der erfolgreichste deutsche Let's Player und auch der erfolgreichste deutsche Videoblogger auf YouTube allgemein.[86] Seinem YouTube-Kanal zufolge hat er ihn am 12.03.2006 gegründet.[87] Sein erstes Let's Play Video zum Spiel „Allods Online"[88] hat er am 09.04.2010 hochgeladen.[89] Wie Peer Wandiger bei Nennung der Erfolgskriterien für Let's Plays schon richtig erwähnte, war April 2010 ein früher **Startzeitpunkt**. Let's Plays waren noch nicht allzu bekannt, vor allem in Deutschland nicht. Er hatte eine **Nische** entdeckt. Gronkh gehört also zu den Pionieren der Let's Play Szene. Was den Faktor **Ausdauer** anbelangt, so hat es bei Gronkh gut vier Jahre gedauert, bis er mit Bloggen seinen Lebensunterhalt bestreiten konnte.

> „Der Durchbruch kam im Jahr 2010 mit dem Open-World-Spiel „Minecraft"[90]. Über die Klötzchenwelt erspielte sich Gronkh eine riesige Fangemeinde. [...] Dabei erzählt er vor sich hin: Vom rosafarbenen Überraschungs-Ei, von der Wichtig-

---

[85] YouTube-Kanal von Gronkh, 2006, 2

[86] vgl. YouTube-Kanal von Gronkh, 2006, 3

[87] vgl. ebd., 3

[88] „Allods Online" ist ein kostenloses Massively Multiplayer Online Role-Playing Game(MMORPG).

[89] Gronkh (Hrsg.), 2010

[90] „Minecraft" ist ein Open-World-Spiel für den Computer von 2009.

> keit einer Steuererklärung oder darüber, dass man seine Mitmenschen respektieren und gut behandeln sollte."[91]

Allein von seinem Minecraft Let's Play hat Range 1.251 Folgen veröffentlicht, von denen jede 20 bis 40 Minuten dauert.[92] Danach beendete er (vorübergehend) sein Minecraft Let's Play. Am meisten wird er jedoch als **Person** selbst zu seinem Erfolg beigetragen haben. „Die kumpelhafte Art kommt an, es könnte wirklich ein großer Bruder sein, der dort spricht."[93]

> „Der Sprecher muss sympathisch sein, eine angenehme Stimme sein Eigen nennen, Humor besitzen (und in erster Linie über sich selbst lachen können), authentisch, ironisch und bodenständig sein."[94]

Erik Range stellt in seinen Videos regelmäßig unter Beweis, dass er über diese Charaktereigenschaften verfügt. Auch die **Qualität** der Videos hat sich im Laufe seiner Karriere stark verbessert. Hier lassen sich sehr anschaulich das erste Video auf Ranges YouTube-Kanal und die letzte Folge seines Minecraft-Let's Plays vergleichen. Natürlich besitzt Range als Fachinformatiker das nötige technische **Know-How**, um seinen Videos eine gute technische Qualität zu verleihen. Zudem ist er auch Geschäftsmann und weiß sich zu **vermarkten**. Gemeinsam mit seinem Freund und Arbeitskollegen Valentin Matthias Rahmel, alias „Sarazar", gründete Range im Jahr 2009 die PlayMassive GmbH mit Sitz in Köln.[95] Range selbst ist als Lead Manager und CTO der Firma eingetragen.[96] Im Impressum beschreibt sich die PlayMassive GmbH wie folgt:

> „Das Unternehmen fokussiert [...] Computerspiele, Entertainmentprodukte und Internet-Anwendungen bzw. Webseiten. Wir entwickeln Internetauftritte sowie Computerspiele, leiten Onlinemagazine, produzieren professionelle Videos, betreuen große Communities, beraten große Unternehmen und vermarkten Webangebote."[97]

---

91 Horchert, 2012, 1

92 Gronkh (Hrsg.), 2014, a

93 Horchert, 2012, 2

94 Rüger, 2014

95 vgl. o.V., 2014, a, 1

96 vgl. o.V., 2013

97 PlayMassive (Hrsg.), o.J.

Die PlayMassive GmbH betreibt einige der größten Videospiel-Onlinemagazine Deutschlands, u.a. die Webseiten playNATION, playMASSIVE und Gronkh.de.[98] Dass der Name „Gronkh" inzwischen zur Marke geworden ist, belegen auch die inzwischen im Netz angebotenen Merchandise-Artikel.[99] Erik Range hat öffentlich bereits mehrfach geäußert, dass er „eigentlich schon sehr gut" vom Bloggen leben könne, so auch am 21.10.2013, als er zu Gast bei TV Total auf ProSieben war.[100]

2.3 Die Zielgruppe

Da nun Let's Plays und einige Moderatoren vorgestellt wurden, stellt sich im nächsten Schritt die Frage: Wer schaut sich diese Let's Play Videos an? Dieser Punkt wird hier mithilfe zweier vorhandener Studien beantwortet werden.

Eine Untersuchung wurde von Heike Stephan in ihrer Masterarbeit zum Thema „Let's Plays – Kommentierte Spielevideos und ihre Auswirkungen auf die Spielemagazine" angestellt. Durch ihre quantitative Befragung von insgesamt 280 Teilnehmern konnte sie das Publikum wie folgt definieren: Die Zielgruppe von Let's Play Videos ist überwiegend männlich (75 Prozent).[101] Desweiteren gehören die meisten Teilnehmer der Altersgruppe „16 bis 18 Jahre" an (30 Prozent).[102] Die zweitgrößte Gruppe bilden die „19 bis 21"-Jährigen mit 18 Prozent.[103] Da diese beiden Altersgruppen addiert fast die Hälfte der Befragten ausmachen, können sie als Hauptzielgruppe bezeichnet werden. Die drittgrößte Altersgruppe sind die „unter 16"-Jährigen mit 17 Prozent.[104]

Eine weitere an die Zielgruppe von Let's Play Videos gerichtete Erhebung wurde von dem Online-Webvideomagazin Broadmark.de durchgeführt. An dieser Umfrage aus dem Jahr 2014 haben 102 Personen teilgenommen. Demnach waren 71 Prozent der Mitwirkenden männlich und konzentrierten sich auf die Altersgruppe „13 bis 17 Jahre" (53 Prozent).[105] Diese Ergebnisse stimmen mit der

---

98 vgl. o.V., 2014, a, 2

99 Getshirts (Hrsg.), o.J.

100 MySpassde (Hrsg.), 2013

101 vgl. Stephan, 2014, S.114, 1, (Durchführungszeitraum 14.04.14 bis 21.04.14)

102 vgl. ebd., 2014, S.114, 2

103 vgl. ebd., 2014, S.114, 3

104 vgl. ebd., 2014, S.114, 4

105 vgl. Menzel, 2014, 8

Untersuchung von Heike Stephan überein, auch wenn sie andere Altersklassen definiert hat. So machen ihre größte Gruppe der „16 bis 18"-Jährigen und ihre drittgrößte Gruppe „unter 16 Jahren" zusammengefasst 47 Prozent aus. Die zweitgrößte Altersgruppe der Broadmark-Erhebung war ebenfalls recht eindeutig: 35 Prozent der Befragten gaben an zwischen 18 und 24 Jahren alt zu sein.[106] Zudem bekannten sich 68 Prozent der Teilnehmer dazu, selber Videospiele zu spielen.[107] Aufgrund dieser Daten hat der Autor des Broadmark-Artikels die Zielgruppe wie folgt beschrieben:

> „Bei dieser Zuschauergruppe verwundert es nicht, dass diese sehr gerne Let's Plays schaut, denn zum einen gehören die 13 bis 24 Jährigen zu den Digital Natives, die mit YouTube aufgewachsen sind und oftmals YouTube sogar mehr nutzen, als das Fernsehen und zum anderen ist diese Zuschauergruppe sehr gamingaffin."[108]

Auch Heike Stephan stellte zu Beginn ihrer Arbeit die These auf, dass „Let's Play Rezipienten in der Regel männliche Jugendliche zwischen 12 und 18 Jahren sind."[109] Diese These konnte sie durch ihre Umfrage bestätigen. Die von der Autorin ermittelte Zuschauergruppe wird im Unterkapitel „3.4 Ergebnisse und Analyse" vorgestellt.

2.3.1 Die Faszination Let's Play

Beide zuvor genannten Untersuchungen führten aber noch weiter und versuchten, dem Publikum die Beweggründe für das Konsumieren von Let's Play Videos zu entlocken. Heike Stephan hat die Teilnehmer ihrer Umfrage explizit nach den Gründen gefragt. Das Ergebnis der Beantwortungen ihrer 280 Teilnehmer wird in der folgenden Abbildung 3 dargestellt. Da den Rezipienten Mehrfachnennungen gestattet waren, fällt die Summe der gegebenen Antworten folglich größer aus als die tatsächliche Teilnehmerzahl. Diese Abbildung wurde der Masterarbeit von Heike Stephan entnommen.

[106] vgl. Menzel, 2014, 9

[107] vgl. Menzel, 2014, 10

[108] Menzel, 2014, 11

[109] Stephan, 2014, S.25, 5

Abbildung 3: Teilergebnisse der Umfrage von Heike Stephan[110],
Prozentuierung vorgenommen von der Autorin dieser Arbeit

Anhand dieses Ergebnisses lässt sich feststellen, dass die meisten Befragten (84,6 Prozent) sich von Let's Plays unterhalten fühlten.[111] Die Antwortoption "Informationen zum Inhalt des Spiels" wählten 59,3 Prozent der Teilnehmern.[112] 50,4 Prozent gaben an, ein Let's Play anzuschauen, weil ein bestimmter Let's Player das Spiel spielt.[113] 44,6 Prozent der Befragten wollten herausfinden, ob ein Kauf des Spiels sich lohnt.[114] Die restlichen der Abbildung 3 zu entnehmenden Antwortoptionen erreichten, jede für sich, nicht einmal 25 Prozent Teilnehmerschaft.[115]

Auch das Online-Magazin Broadmark hat in ihrer Erhebung die Frage „Warum schaust du Let's Plays?" gestellt. Dort gab es für die 102 Teilnehmer der Umfrage vier Antwortmöglichkeiten und auch Mehrfachnennungen waren möglich. 86 Prozent der Befragten gaben an, Let's Plays aus Unterhaltungsgründen zu schauen, knapp gefolgt von 79 Prozent der Teilnehmer, die „Videos wegen des

[110] Stephan, 2014, S.115, 6

[111] vgl. ebd., 2014, S.115, 7

[112] vgl. ebd., 2014, S.115, 8

[113] vgl. ebd., 2014, S.115, 9

[114] vgl. ebd., 2014, S.115, 10

[115] vgl. Stephan, 2014, S.115, 11

Let's Players" schauen.[116] Etwas mehr als die Hälfte der Befragten (53 Prozent) behaupteten, ein Let's Play zu schauen, weil sie sich für das Spiel interessierten.[117] Die wenigsten Teilnehmer (41 Prozent) erklärten, Let's Plays aus reinem Zeitvertreib zu schauen.[118]

Die beiden Untersuchungen von Heike Stephan und Broadmark stimmen in dem Punkt überein, dass die meisten Befragten Let's Plays aufgrund des Unterhaltungswertes schauen. Diese Erkenntnis ist nicht wirklich überraschend, da die Zielgruppe dies schließlich freiwillig in ihrer Freizeit tut.

Beide Untersuchungen geben allerdings keinerlei Aufschluss darüber, welche Aspekte hinter dem Sammelbegriff „Unterhaltung" stecken. Was genau findet die Zielgruppe an Let's Plays denn so unterhaltend? Die Antwort auf diese Frage möchte die Verfasserin in ihrer Forschungsarbeit herausfinden. Sie will versuchen, die psychologischen Aspekte hinter dem Begriff „Unterhaltung" herauszufiltern und auf Basis ihrer eigenen Befragung zu bestätigen. Die aus der Arbeit gewonnenen Erkenntnisse werden von der Autorin im Unterkapitel „3.4 Ergebnisse und Analyse" vorgestellt.

Die Untersuchungen von Heike Stephan und Broadmark weisen jedoch auch Unterschiede auf: Der Erhebung von Heike Stephan zufolge ist es für die Zielgruppe von größerer Bedeutung, „Informationen zum Inhalt des Spiels" zu erhalten (59,3 Prozent) als Videos „eines bestimmten Let's Players" zu verfolgen (50,4 Prozent).[119] Bei der Umfrage von Broadmark gab dagegen ein höherer Prozentsatz (79 Prozent) an, sich für den Let's Player zu interessieren als für das Spiel (53 Prozent).[120] Dieser Widerspruch ist auch in der Arbeit von Heike Stephan selbst zu finden. Bei der Frage „Welcher Aspekt ist dir bei Let's Plays am wichtigsten?" mussten sich ihre Rezipienten für eine Antwortmöglichkeit entscheiden. Zur Auswahl standen „Unterhaltungswert", „Kommentierung des Let's Players", „Informationen über das Spiel" und „andere Aspekte".[121] Wenn das Kriterium „Unterhaltungswert" mit 49 Prozent außer Acht gelassen wird, so

116 vgl. Menzel, 2014, 12

117 vgl. Menzel, 2014, 13

118 vgl. Menzel, 2014, 14

119 vgl. Stephan, 2014, S.115, 12

120 vgl. Menzel, 2014, 15

121 Stephan, 2014, S.115, 13

lag die „Kommentierung des Let's Players" mit 31 Prozent vor den „Informationen über das Spiel" (16 Prozent).[122]

Für diesen Widerspruch könnte es folgende Erklärung geben: Bei der Frage „Aus welchen Gründen schaust du Let's Plays?" waren Mehrfachnennungen möglich, wie Abbildung 3 zu entnehmen ist. Die Optionen „Informationen zum Inhalt des Spiels", „Weil es von einem bestimmten Let's Player ist" und „Um zu sehen, ob ein Kauf sich lohnt" liegen von den Prozentwerten nah beieinander, da anscheinend viele Teilnehmer diese Antworten mehrfach ausgewählt haben. Bei der darauf folgenden Frage „Welcher Aspekt ist dir bei Let's Plays am wichtigsten?" mussten sich die Befragten hingegen für eine Antwort entscheiden. Hier offenbart sich, dass, abgesehen vom „Unterhaltungswert", der Let's Player einen größeren Stellenwert hat als das vorgestellte Spiel.

2.3.2 Ein Blick in die Psychologie

Die Erkenntnisse der beiden Untersuchungen von Heike Stephan und Broadmark sind zweifellos interessant. Die Autorin möchte jedoch tiefere Einblicke in die Psychologie der Zielgruppe gewinnen. Kann die Beliebtheit von Let's Play Videos psychologisch erklärt werden? Falls dies bejaht werden kann, welche Ansätze gibt es diesbezüglich? Dieses Kapitel wird lediglich kurze Einblicke in zwei solcher psychologischen Ansätze vermitteln, mit deren Hilfe die Faszination des Formats erklärt werden könnte.

2.3.2.1 Die Selbstoffenbarung des Bloggers

Die Schwedin Mia Lövheim hat das Phänomen erfolgreicher Blogger am Beispiel schwedischer Fashion-Bloggerinnen untersucht und herausgefunden, dass eine hohe Selbstoffenbarung seitens des Bloggers entscheidend zu seinem Erfolg beiträgt.[123] Heutzutage würde das Publikum erwarten, dass der Unterhalter einen Einblick in sein Privatleben gewährt und persönliche Gedanken, Geschichten und Empfindungen mit seiner Community teilt.[124] Darum hätten sich viele Blogger einen mit Humor und/oder Ironie geprägten Moderationsstil angeeignet, um zum einen persönlichen Bezug zur Zielgruppe herzustellen, zum anderen aber eine gewisse Distanz zu ihrer Privatsphäre zu wahren.[125] Die Selb-

[122] vgl. ebd., 2014, S.115, 14

[123] vgl. Lövheim, 2011, S.10, 1

[124] vgl. Lövheim, 2011, S.10, 2

[125] vgl. ebd., 2011, S.10, 3

stoffenbarung der Blogger wäre quasi eine Gratwanderung zwischen Persönlichkeit und Professionalität.[126] Wie Gronkh diese Gratwanderung meistert, kann besonders gut an seinem Minecraft-Let's Play erkannt werden. Zum einen erzählt er von seinen persönlichen Gedanken und Meinungen zu gesellschaftlich relevanten Themen und lässt die Zuschauer gelegentlich an seinem Leben teilhaben, zum Beispiel über den Kanal „Superhomies".[127] Zum anderen zeigt er aber nur eine bestimmte Seite von sich. So merkt Gronkh unter anderem in seinem Video „Let's Rutsch in Richtung 2015" an:

> „Ich bin einfach wie du. Ich sitze nur auf der anderen Seite vom Bildschirm. Ich habe auch meine eigenen Gedanken, [...] Gefühle, [...] Probleme im Leben. Das vergisst man aber ganz schnell, weil man nach außen hin immer [...] dieses „gut drauf sein" vorlebt. [...] Man trägt ja seine Probleme nicht ins Internet, oder nicht nach außen hin."[128]

Warum die Persönlichkeit des Bloggers für die Zielgruppe so entscheidend ist, haben die Taiwanerinnen Hsiu-Chia Ko und Feng-Yang Kuo in einer ihrer Facharbeiten herausgefunden. Sie stellten fest: Je mehr Blogger von sich selbst preisgeben, desto stärker tragen sie zum persönlichen Wohlbefinden des Nutzers bei.[129] Bloggen würde demnach einen sozialen Mittelpunkt im Internet schaffen, der die Bedürfnisse der Menschen nach sozialen Kontakten befriedigt, zwischenmenschliche Kommunikation ermöglicht und somit insgesamt die Lebensqualität steigert.[130] Oft wird gemeinhin angenommen, das Internet würde die Sozialität der Menschen zerstören. Einem Bericht von n-tv, der sich mit wissenschaftlichen Ergebnissen über Internetsoziologie einer amerikanischen Studie beschäftigt, ist folgendes zu entnehmen:

> „Am stärksten wirkt sich das Internet auf die Beziehungen der Menschen aus. Doch ihr Denken, Reagieren und Lernen wird ein anderes. [...] Das Internet ermöglicht ein weit gespanntes Geflecht aus Bekanntschaften. [...] Und so weit voneinander entfernt sind die meisten Facebook-Freunde gar nicht. Über maximal fünf Ecken kennt jeder jeden. Wer meinte, dass die durch digitale Netze ge-

---

[126] vgl. ebd., 2011, S.10, 4

[127] Auf dem „Superhomies" Kanal werden die Zuschauer von den Bloggern Gronkh, Sarazar und Timbo mit auf Reisen rund um den Globus genommen. Quelle: YouTube-Kanal der Superhomies, 2011

[128] Gronkh (Hrsg.), 2015

[129] vgl. Ko/Kuo, 2009, S. 78, 1

[130] vgl. ebd., 2009, S. 78, 2

prägt Gesellschaft auseinanderdriftet, irrt also. Sie rückt näher zusammen. Und doch hat die Sache einen Haken: Den lockeren Internet-Freundschaften fehlt es [...] an menschlicher Wärme."[131]

Nach Ko und Kuo kommen an dieser Stelle die Blogger ins Spiel und füllen mit ihren Formaten genau diese Lücke in der Sozialität, um noch einmal ein Zitat aus dem Kapitel „2.1.1 Blogs aus medialer Sicht" aufzugreifen: „Blogger übertragen das Gefühl einer wahren Freundschaft."[132] Im Detail sehen die bestätigten Hypothesen der Taiwanerinnen wie folgt aus:

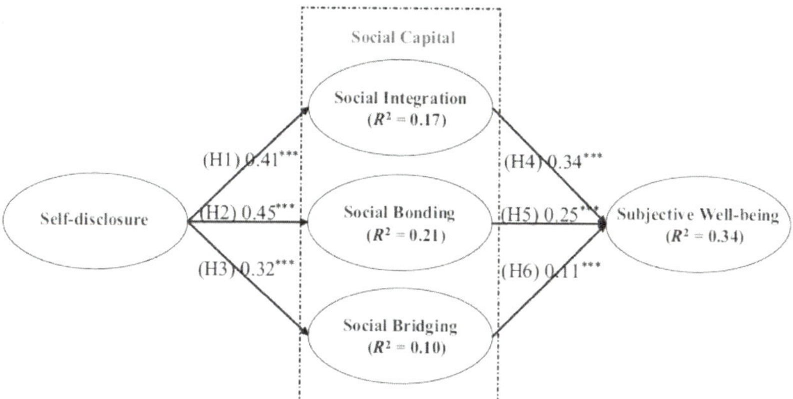

Abbildung 4: Visuelle Darstellung der Hypothesen von Ko und Kuo

Die Darstellung lässt sich folgendermaßen zusammenfassen: Je mehr der Blogger von sich selbst preisgibt, desto stärker werden soziale Integration, soziale Bindung und soziale Brücke zum Publikum, weshalb der soziale Mittelpunkt im Internet ebenfalls stärker wird und weiter wächst.[133] Auf der anderen Seite des sozialen Mittelpunkts steht das Publikum. Sinngemäß lauten die Hypothesen: Je stärker soziale Integration, soziale Bindung und soziale Brücke sind, die der Blogger aufgebaut hat, desto stärker wirkt sich diese Sozialität auf das persönliche Wohlbefinden des Nutzers aus.[134]

131 o.V., 2014, b

132 Noschka, 2015, 2

133 vgl. Ko/Kuo, 2009, S. 77, 3

134 vgl. Ko/Kuo, 2009, S. 77, 4

Zusätzlich helfen Blogs den Internetnutzern Gleichgesinnte zu finden, sodass sie die Möglichkeit haben, ihr eigenes Netzwerk über den Blog zu vergrößern und Freundschaften zu knüpfen.[135] Um es zu vereinfachen: Blogger schaffen im Internet menschliche Sozialität, die mit der Sozialität des echten Lebens vergleichbar ist. Deshalb sind sie so beliebt und erfolgreich. Ob die menschliche Sozialität im und aus dem Internet allerdings einen Ersatz für die konventionelle, persönlich-zwischenmenschliche Beziehung abgibt, sei dahingestellt und müsste in einer anderen Facharbeit untersucht werden.

2.3.2.2 Das delegierte Genießen

Ein weiterer psychologischer Ansatz, der den Erfolg von Let's Plays erklären könnte, ist die „Interpassivität". Dieser Begriff wurde zum ersten Mal von dem österreichischen Philosophen Robert Pfaller in seinem Werk „Die Illusion der anderen" von 2002 benutzt.[136] Zwar gilt Robert Pfaller nicht als Urheber dieses Begriffs, aber er nahm den Ansatz der „Interpassivität" in seine Untersuchungen auf, entwickelte ihn weiter und bezog den psychologischen Aspekt auf den Alltag eines jeden Menschen.[137] Die Universität Kiel hat folgende Definition des Begriffs (basierend auf Pfallers Untersuchungen) abgegeben:

> „Als Interpassivität bezeichnet man in der psychoanalytischen Theorie des Lachens die Praxis, eigene Handlungen und Empfindungen an äußere Objekte, also Menschen oder Dinge zu delegieren. Die Theorie der Interpassivität bezieht sich hauptsächlich auf den Bereich der Lustempfindungen, weshalb Interpassivität auch als „delegiertes Genießen" definiert werden kann: Man genießt nicht selbst, sondern durch einen Stellvertreter."[138]

Um diese Definition zu veranschaulichen, benutzt Pfaller in seiner Untersuchung unter anderem das Beispiel des eingebauten „Konservengelächters" in amerikanischen Sitcoms.[139] Dieses Gelächter diene nicht dazu, den Zuschauer mit Lachen anzustecken, sondern soll dem Zuschauer das Lachen abnehmen, damit er es selber nicht tun muss.[140] Dieser Gedanke lässt sich noch weiter in die

---

[135] vgl. ebd., 2009, S. 78, 5

[136] vgl. Weidmann, 2013, 1

[137] vgl. Weidmann, 2013, 2

[138] Amann, 2011

[139] vgl. Weidmann, 2013, 3

[140] vgl. Weidmann, 2013, 4

Vergangenheit zurückverfolgen: So haben die Urheber des Begriffes festgestellt, dass in der griechischen Tragödie „Antigone“ ebenfalls Interpassivität beim Publikum festzustellen ist.[141] Der Chor, der zwischen den einzelnen Akten des Stücks auftritt, nimmt dem Publikum Emotionen geradezu ab.[142] „Der Chor lacht, weint, klagt für den Zuschauer, damit dieser es nicht tun muss.“[143] Aber wie kann das funktionieren? Wie kann der Mensch über einen Stellvertreter genießen? Der Grund hierfür lässt sich anscheinend im menschlichen Gehirn finden und ist den sogenannten Spiegelneuronen zu verdanken, wie eine italienische Forschergruppe 1996 entdeckt hat.[144]

> „Spiegelneuronen sind ein Resonanzsystem im Gehirn, das Gefühle und Stimmungen anderer Menschen beim Empfänger zum Erklingen bringt. Das Einmalige an den Nervenzellen ist, dass sie bereits Signale aussenden, wenn jemand eine Handlung nur beobachtet. Die Nervenzellen reagieren genau so, als ob man das Geschehene selbst ausgeführt hätte. [...] Wenn man beobachtet, dass sich jemand beim Gemüse schnipseln in den Finger schneidet, erlebt man selbst ein Unbehagen und kann nachempfinden, wie sich der Schmerz anfühlt. Wir werden mit dem Gefühl des anderen „angesteckt“.“[145]

Wie ließe sich nun die Beliebtheit von Let’s Plays in diesem Zusammenhang erklären? Genießt der Zuschauer das vorgestellte Spiel genauso, als wenn er es selbst spielen würde? Durch das Delegieren an seinen Stellvertreter, den Let’s Player, braucht er nicht selbst aktiv zu werden, das heißt gegebenenfalls schwierige Entscheidungen zu treffen oder knifflige Rätsel zu lösen, kurzum unwägbare Risiken einzugehen und hat trotzdem genauso viel Freude an dem Spiel. Zudem teilt der Zuschauer die Emotionen des Let’s Players, kann also mit ihm lachen, sich freuen oder ärgern. Der Let’s Player, als Stellvertreter, kann dieser Theorie zufolge mit dem Chor aus dem Stück Antigone und mit dem Konservengelächter aus den amerikanischen Sitcoms verglichen werden. Dieser Aspekt wäre es zweifelsohne wert, in einer anderen Facharbeit näher untersucht zu werden.

Ansatz

[141] vgl. Weidmann, 2013, 5

[142] vgl. Weidmann, 2013, 6

[143] Weidmann, 2013, 7

[144] vgl. Kaufmann, 2014, 1

[145] Kaufmann, 2014, 2

2.4 Die „Stars von morgen“ und ihr Einfluss

Inzwischen hat sich Videobloggen zu einem lukrativen Geschäft entwickelt und YouTube und seine Netzwerke sind zu großen Konzernen geworden. Viele junge Zuschauer dieser Plattform sehen ihre Lieblingsblogger angeblich als „Stars“.[146] Wirtschaftsunternehmen haben längst mit Videobloggern oder deren Netzwerke Kooperationen geschlossen, um diese als Influencer und Markenbotschafter einzusetzen. Doch was steckt hinter dem angeblichen Star-Hype? Wie intensiv werden Videoblogger als Influencer genutzt? Und was steckt hinter dem Unternehmen “YouTube” und seinen Netzwerken? Mit diesen Fragen befasst sich dieses Unterkapitel.

2.4.1 Der Star-Hype

Besonders die 12- bis 20-jährigen YouTube-Nutzer sehen ihre Blogger inzwischen als Stars an.[147]

> „Oft sind die neuen Medienstars selbst kaum älter als ihr Publikum und haben Millionen Fans. Allein in Deutschland können schon einige Hundert von ihren Videos leben, die Plattform beteiligt sie an den Werbeeinnahmen. Das Prinzip „YouTube“ [...] ist zum Beruf geworden.“[148]

Es lohnt sich also, als Blogger so erfolgreich bzw. beliebt wie möglich zu werden. Der Rummel um ihre Person erleichtert ihnen auch Kooperationen mit Wirtschaftsunternehmen und Agenturen. Viele Blogger ließen sich gerne vom Star-Hype mitreißen, wie Gronkh in einem seiner Videos erwähnt.[149] Es läge aber auch daran, dass sowohl Marketer, Netzwerke als auch Zuschauer dem Blogger schmeicheln.[150] So lehnte Erik Range selber anfänglich Autogrammkarten oder einen Merchandise-Shop ab, weil er dies als „lächerlich“ empfand.[151] Jedoch wurde seitens seines Publikums explizit und vermehrt danach gefragt und er musste sich dessen Wünschen beugen.[152] Die Zielgruppe trägt also wesentlich zum Star-Hype bei.

---

146 vgl. Theile, 2014, 4

147 vgl. o.V., 2015, a, 2

148 vgl. o.V., 2015, a, 3

149 vgl. Gronkh (Hrsg.), 2014, b, 1

150 vgl. ebd., 2014, b, 2

151 vgl. ebd., 2014, b, 3

152 vgl. ebd., 2014, b, 4

Interessant ist auch, welche Ausmaße der Star-Hype im Ausland angenommen hat. Das amerikanische Boulevardmagazin Variety führte beispielsweise eine Umfrage unter 1.500 amerikanischen Jugendlichen von 13 bis 18 Jahren durch. Hierin konnten die Teilnehmer aus diversen YouTubern, Schauspielern, Sängern und Fernsehstars ihre Favoriten bestimmen.

Die Ergebnisse waren verblüffend: YouTube-Stars werden von dieser Altersgruppe inzwischen mehr geschätzt als Schauspieler und Sänger.[153] Die Top 5 der beliebtesten Unterhalter waren der Umfrage zufolge ausschließlich YouTuber.[154] Tatsächlich schafften es lediglich vier Hollywood-Größen in die Top 10: Paul Walker (Platz 6), Jennifer Lawrence (Platz 7), Katy Perry (Platz 9) und Steve Carell (Platz 10).[155] Die drei populärsten aus der Befragung hervorgehenden Stars bzw. YouTube-Kanäle waren zwei US-amerikanische Bloggergruppen, nämlich „Smosh“ und „Fine Brothers Entertainment“ auf Platz 1 und 2 sowie auf Platz 3 der Schwede „Pewdiepie“.[156] Angesichts dieses Erfolgs verwundert es nicht, dass immer mehr Hollywoodstars auf YouTube aufmerksam werden. Die Schauspieler Chandler Riggs (bekannt aus der Serie „The Walking Dead“) und Thomas Middleditch („Silicon Valley“) haben bereits ihre eigenen Let's Play Kanäle eröffnet.[157]

So populär wie amerikanische Blogger in ihrem Land sind die deutsche Videoblogger hierzulande noch nicht. Allerdings kann das Bloggen in Deutschland in den nächsten Jahren noch wesentlich an Beliebtheit zunehmen. Die zehn derzeit erfolgreichsten deutschen YouTube-Kanäle (gemessen an ihren Abonnentenzahlen) hat das Online-Gaming-Magazin playNATION ermittelt:

1) Gronkh (Let's Play),
2) Kontor (Musik),
3) Ytitty (Comedy),
4) Freekickerz (Sport),
5) ApeCrime (Comedy),

153 vgl. Ault, 2014, 1

154 vgl. Ault, 2014, 2

155 vgl. Ault, 2014, 3

156 vgl. Ault, 2014, 4

157 vgl. o.V., 2015, b und vgl. Scheuß, 2014

6) LeFloid (Nachrichten),

7) Majestic Casual (Musik),

8) BibisBeautyPalace (Beauty),

9) Die Aussenseiter (Comedy),

10) Dner (Let's Play).[158]

2.4.2 Vom Blogger zum Influencer

„Videoportale wie YouTube erreichen Massen. Überall wo Massen erreicht werden können, entsteht ein kommerzielles Interesse."[159]

> „Bekannte Videoblogger wie Let's Player können für Unternehmen eine Art Testimonial darstellen. Testimonials sind bekannte Personen, die vorgeben ein Produkt zu benutzen und es somit positiv darstellen."[160]

Diese Form von Werbung wirkt sich positiv auf die Marke und/oder das vorgestellte Produkt aus, sofern das Testimonial authentisch wirkt und seine Glaubwürdigkeit bei der Zielgruppe nicht verliert. Blogger genießen generell eine sehr hohe Glaubwürdigkeit bei ihrem Publikum, weshalb sie von Unternehmen und Agenturen gern als Influencer genutzt werden. Allerdings sei „Einfluss nicht gleich Einfluss."[161] „Je nach Thema, Branche oder Kommunikationszielen kann der Einfluss eines Multiplikators sehr unterschiedlich bewertet werden."[162] Die Autoren Heidi Schall und Clemens Müller sind der Frage nachgegangen, wie stark der Einfluss eines Bloggers auf seine Zielgruppe ist. Sie schreiben:

> „Der eigene Blog gibt dem einzelnen Blogger die Möglichkeit, persönliche Eindrücke, Meinungen und Erfahrungen einfach und schnell mit anderen zu teilen. Der Einfluss hängt nun davon ab wie der einzelne Blogger diese Möglichkeit nutzt und entwickelt."[163]

---

[158] vgl. Scheuß, 2015, 2

[159] Zachert, 2014, S.17, 1

[160] Zachert, 2014, S.27, 2

[161] Allmer, 2015, 1

[162] Allmer, 2015, 2

[163] Müller/Schall, 2011, S.94, 1

Um diesen Einfluss näher zu untersuchen, führten die Autoren Experteninterviews mit den Bloggern Johannes Knapp und Carsten Knobloch durch. Beide gaben an, dass ihre Leser oft erst Rat und Empfehlung bei ihnen einholten, bevor sie sich für ein Produkt entschieden.[164] Diese Aussage deckt sich mit den Ergebnissen des „Digital Influence Report 2013“ von TechnoratiMedia. Diese Studie wurde seitens der Verfasserin bereits in ihrem Kapitel „2.1 Die Bedeutung von Blogs“ erwähnt. An dieser Studie hatten 6.000 Influencer, 1.200 Verbraucher und 150 Vermarkter teilgenommen.[165] Zur Erinnerung werden im Folgenden einige Kennzahlen der Konsumenten-Befragung nochmals aufgelistet:

- 45 Prozent der befragten Verbraucher gaben an, sich mittels Blogs über Produkte zu informieren.[166]
- Am häufigsten nutzen die Befragten die Plattformen YouTube (80 Prozent) und Facebook (74 Prozent) zur Informationsgewinnung.[167]
- 31,1 Prozent der Konsumenten waren der Überzeugung, dass Blogs ihre Kaufentscheidungen beeinflussen.[168] Damit liegen Blogs, was den Einfluss auf die Kaufentscheidung betrifft, sogar noch vor Facebook (30,8 Prozent).[169]
- Weiterhin ist der Studie zu entnehmen, dass Marken-Unternehmen nur 10 Prozent ihres digitalen Budgets für Werbung über Social Media einplanen.[170] Hiervon werden wiederrum nur 6 Prozent für Influencer Marketing ausgegeben.[171]

Das von diesen Unternehmen für die Zusammenarbeit mit Bloggern eingeplante Budget ist also verschwindend gering. Für eine so geringe Investition in In-

---

164 Müller/Schall, 2011, S.97 und S.100, 2

165 vgl. Bimboese, 2014, 4

166 vgl. TechnoratiMedia (Hrsg.), 2013, 11

167 vgl. ebd., 2013, 12

168 vgl. ebd., 2013, 13

169 vgl. ebd., 2013, 14

170 vgl. ebd., 2013, 15

171 vgl. ebd., 2013, 16

fluencer Marketing erhalten die Firmen jedoch einen verhältnismäßig hohen Nutzen.[172] „Fast nie steht ein Blogeintrag nur für sich."[173]

Laut Umfrage von Rankseller wird mehr als ein Drittel aller Blogposts im Social Web promotet, von der Zielgruppe diskutiert und weiterverbreitet.[174] Von diesem Prozess hätte ein Unternehmen keinerlei Aufwand.[175]

Videoblogger auf YouTube können also umso mehr als wertvolle Multiplikatoren angesehen und als einflussreich bezeichnet werden, je mehr ihr Publikum wächst und sie gerade junge Menschen erreichen. Sicherlich ist nicht jeder Blogger bereit, als Influencer für Wirtschaftsunternehmen zu fungieren. Viele Blogger distanzieren sich bewusst von jeglicher Einflussnahme von außen, um ihre Glaubwürdigkeit beim Publikum zu schützen. So stellt Gronkh öfter in seinen Videos klar, dass er die Kommerzialisierung seitens YouTube, das „Stargehabe" mancher Blogger und das Einschlagen der Richtung „Fernsehformate" auf YouTube als „traurige Entwicklung" ansehe und selbst kein Teil davon sein wolle.[176] Er gibt allerdings auch zu, dass es schwierig sei, einen guten Mittelweg zwischen dieser Entwicklung und dem unabhängigen Bloggen zu finden.[177] Jeder Blogger müsse selbst wissen, inwieweit er an dieser Entwicklung teilhaben möchte oder nicht.[178] Laut Erhebung von Rankseller, die bereits im Kapitel „2.1 Die Bedeutung von Blogs" erwähnt wurde und an welcher 2.344 Blogger teilgenommen haben, gaben 91,4 Prozent der Befragten an, sich für Kooperationen mit Unternehmen zu interessieren.[179]

Ein wesentlicher Nutzen des Influencer Marketings auf YouTube ist das Bewerben bestimmter Produkte. Neuprodukteinführungen über YouTuber sind inzwischen in allen Formaten üblich. Dies wird abermals am Beispiel der Let's Play Szene veranschaulicht: „Es wird oft versucht, neue Spiele aber auch neue Versionen von Spielen über Let's Player zu vermarkten. Dabei werden die Spiele

---

172 vgl. Fleing, 2013, 1

173 Fleing, 2013, 2

174 vgl. Fleing, 2013, 3

175 vgl. Fleing, 2013, 4

176 Gronkh (Hrsg.), 2014, b, 2

177 vgl. ebd., 2014, b, 3

178 vgl. ebd., 2014, b, 4

179 Rankseller (Hrsg.), 2013, 4

noch vor der Veröffentlichung an Let's Player geschickt."[180] So veröffentlichte zum Beispiel Sarazar die erste Folge zu seinem Let's Play „Rise of the Tomb Raider"[181] zwei Tage[182] vor dem offiziellen Veröffentlichungsdatum[183]. Somit trägt natürlich auch die Gaming-Branche ein Stück weit zum Erfolg des Bloggers bei.

2.4.3 Die Macht hinter den Kulissen: YouTube-Netzwerke

Im Folgenden stellt die Autorin kurz YouTubes Erfolgsgeschichte vor und erklärt die Aufgabe von YouTube-Netzwerken im Allgemeinen:

Die Plattform wurde im Frühjahr 2005 von den Amerikanern Chad Hurley, Steve Chen und Jawed Karim gestartet.[184] Das erste Video mit dem Titel „Me at the Zoo" luden die Gründer am 23.04.2005 hoch.[185] YouTube besetzte eine Nische, in welcher Menschen auf der ganzen Welt ermöglicht wurde, ihre Videos jederzeit für den Rest der Welt zur Verfügung zu stellen, was in der Form vorher nicht möglich war.[186] Für 1,65 Milliarden Dollar verkauften die Gründer anderthalb Jahre später ihre Plattform an Google.[187] Patrick Vonderau, Herausgeber des „The YouTube Reader", stellt in der ZDF Reportage „Die YouTube-Story" von Tim Klimeš klar:

> „Was für Erwartungen hat man denn an eine Plattform wie YouTube oder an soziale Medien überhaupt? Soziale Medien sind ja auch Industrien. Sie sind Märkte die über's Internet organisiert sind. Das heißt es muss von Anfang an ein Geschäftsmodell geben oder eine „Value Proposition", wie es so schön heißt."[188]

---

180 Zachert, 2014, S.27, 3

181 „Rise of the Tomb Raider" ist ein Action-Adventure-Spiel von 2015.

182 Sarazar (Hrsg.), 2015

183 Xbox (Hrsg.), o.J.

184 vgl. Klimeš, 2015, 3

185 Jawed (Hrsg.), 2005

186 vgl. Klimeš, 2015, 4

187 vgl. Klimeš, 2015, 5

188 Klimeš, 2015, 6

Dieses Geschäftsmodell sah laut Klimeš vor, YouTube für Werbekunden attraktiv zu machen.[189] Um dieses Ziel zu erreichen, mussten die auf dieser Plattform agierenden Filmemacher in das Geschäft miteinbezogen werden.[190] So entstand ein Partnerprogramm, das Bloggern ermöglichte, Geld mit ihren Videos zu verdienen, wie Sara Mormino (Director of Content Operations, YouTube) in ihrem Interview mit Tim Klimeš preisgab.[191] Um in diesem Partnerprogramm aufgenommen zu werden, müssen Blogger bestimmte Kriterien erfüllen:

- Das Programm muss in dem Land, in dem das Video hochgeladen werden soll, zur Verfügung stehen.[192]
- Der Blogger darf nicht durch beispielsweise unerlaubten Inhalt vorbelastet sein.[193]
- Die Videos der Filmemacher müssen Originalinhalte aufweisen. Für diese Inhalte müssen die Urheberrechte geklärt und Lizenzen eingeholt werden.[194]
- Die Videos müssen den Nutzungsbedingungen und Community-Richtlinien von YouTube entsprechen.[195]

Im Gegenzug bekommen Videoblogger „Funktionen, Programme, und Ressourcen von YouTube zur Verfügung gestellt, um ihren Kanal möglichst umfangreich gestalten zu können.“[196] Und selbstverständlich werden sie an den Werbeeinnahmen beteiligt, je nachdem wie viele Klicks sie auf ein Video generieren.[197] YouTube besitzt inzwischen Produktionsstudios in New York, Tokyo, Los Angeles, San Paolo und London.[198] Hier können die Partner mittels einer hochwertigen technischen Ausstattung professionellere Videos produzieren.[199]

---

189 vgl. Klimeš, 2015, 6

190 vgl. Klimeš, 2015, 7

191 vgl. Klimeš, 2015, 8

192 vgl. Zachert, 2014, S.21, 4

193 vgl. Zachert, 2014, S.21, 5

194 vgl. Zachert, 2014, S.21, 6

195 vgl. Zachert, 2014, S.21, 7

196 Zachert, 2014, S.21, 8

197 vgl. Klimeš, 2015, 9

198 vgl. Klimeš, 2015, 10

199 vgl. Klimeš, 2015, 11

Das Wissen, das die so erstellten Videos heutzutage wie Fernsehshows erstrahlen lässt und richtige Programme und Formate auf YouTube etabliert hat, brachten jedoch die Webvideoproduzenten ein, die ihre eigenen Unternehmen in der „YouTube-Branche" gegründet hatten, die sogenannten Netzwerke.[200]

> „Next New Networks ist 2007 das erste Unternehmen, das in den neuen Markt eintritt, den YouTube geschaffen hat: Ein professionelles Produktionsunternehmen, spezialisiert auf Webvideos, geschaffen um Content zu produzieren, der ein ansprechendes Werbeumfeld schafft."[201]

> „Dabei hat das Netzwerk enormes KnowHow angesammelt, was den Aufbau eines Publikums, das Pushen einzelner Künstler und Videos und die Zusammenarbeit unter verschiedenen YouTubern angeht. [...] Deshalb hat YouTube die Next New Networks 2011 kurzerhand für 50 Millionen Dollar [...] und die Mitarbeiter zu einem Großteil [...] übernommen."[202]

Im Zuge der Professionalisierung wurden in Europa Produzenten bzw. Produktionsfirmen gesucht, die YouTubes Unternehmensstrategie auch im Ausland umsetzen.[203] So gründete sich MediaKraft im September 2011 als erstes deutsches YouTube-Netzwerk.[204] In den Jahren darauf kamen immer mehr Netzwerke dazu, unter anderem Revision3 und Maker in Amerika und Studio71, Stylehaul, Collective Digital Studio (CDS) und TubeOne in Deutschand.[205] Die deutschen Netzwerke arbeiten länderübergreifend in Deutschland, Österreich und der Schweiz und decken somit den deutschsprachigen Raum komplett ab.[206]

Die Netzwerke konnten zudem schon diverse beliebte Blogger unter Vertrag nehmen. Durch ihren schlagartigen Erfolg, wenn man bedenkt dass die Branche erst vor zehn Jahren ihren Anfang nahm, wurden bereits Unternehmen und Fernsehsender auf YouTube aufmerksam und beteiligen sich nun an dem Geschäft der Netzwerke: In Amerika wurde das Netzwerk Maker für 500 Millionen Dollar vom Disney-Konzern aufgekauft.[207] In Deutschland wurde 2013 die Tochter-

---

200 vgl. Klimeš, 2015, 12

201 Klimeš, 2015, 13

202 Kucharz, 2014, 1

203 vgl. Klimeš, 2015, 14

204 vgl. Kucharz, 2014, 2

205 vgl. Kucharz, 2014, 3

206 vgl. Klimeš, 2015, 15

207 vgl. Kucharz, 2014, 4

firma Studio71 der ProsiebenSat1 Media AG gegründet, um am YouTube-Geschäft teilzuhaben und Videoblogger für sich zu gewinnen.[208] Ferner erwarb die ProsiebenSat1 Media AG Anteile am Collective Digital Studio.[209] Auch Ströer und die RTL Group kauften sich in die Branche ein.[210] Die folgende Abbildung 5 zeigt, welche Unternehmen und Sender in die Netzwerke investieren bzw. von wem sie aufgekauft wurden.

Abbildung 5: Einige YouTube-Netzwerke und die Firmen, die dahinter stehen[211]

Welche Netzwerke haben nun aber welche Videoblogger unter Vertrag? Die Comedy-Gruppe Ytitty ist zum Beispiel bei MediaKraft unter Vertrag.[212] Das Netzwerk TubeOne hat beispielsweise die Comedy-Gruppen ApeCrime und DieAussenseiter verpflichtet.[213] Die Let's Player Gronkh, Dner und Sarazar gehören zu Studio71.[214] LeFloid, alias Florian Mundt, der durch die besonders moderne und subjektive Aufmachung von Nachrichten bekannt geworden ist, ist ebenfalls bei Studio71 unter Vertrag.[215] Auf der re:publica 2013, einer jährlichen in Deutschland stattfindenden Konferenz über die Entwicklung des Internets, stellte Mundt klar, dass die künstlerische Freiheit seiner Videos auf keinen Fall

---

208 vgl. Burgard-Arp, 2015, 1

209 vgl. Kucharz, 2014, 5

210 vgl. Kucharz, 2014, 6

211 vgl. Kucharz, 2014, 7

212 vgl. Kucharz, 2014, 8

213 vgl. Burgard-Arp, 2015, 2

214 vgl. Burgard-Arp, 2015, 3

215 vgl. Kucharz, 2015

dadurch eingeschränkt würde, dass er einem Netzwerk angehöre und YouTube-Partner sei.[216]Allerdings haben Netzwerke hinter den Kulissen schon ein beachtliches Mitspracherecht, wie der Medienwissenschaftler Bertram Gugel wissen will. In einem Interview mit Tim Klimeš behauptet er, Netzwerke würden meistens entscheiden, welche Kooperationen YouTuber untereinander eingehen dürfen oder müssen, damit mehr Zuschauer generiert werden.[217]

---

[216] vgl. re:publica (Hrsg.), 2013

[217] vgl. Klimeš, 2015, 16

3 Forschung

Die übergeordnete Thematik, mit der sich die Forschung der Verfasserin beschäftigt, sind die Erfolgsfaktoren von Bloggern auf YouTube. Nachdem im zweiten Kapitel ein Überblick über Blogs, Let's Plays, der dazugehörigen Zielgruppe und YouTube vermittelt wurde, wird nun im dritten Kapitel die empirische Forschung der Verfasserin dargestellt.

3.1 Hypothesen

Es werden folgende Hypothesen aufgestellt, welche durch die Umfrage und die daraus gewonnenen Erkenntnisse zu bestätigen oder zu widerlegen sind:

- **Hypothese 1:** Bei einem Let's Play ist den Zuschauern generell der Moderator am wichtigsten.
- **Hypothese 2:** Je jünger die Zuschauer, desto eher sehen sie den Let's Player als Vorbild an.
- **Hypothese 3**: Let's Plays regen unbewusst zum Kauf der vorgestellten Spiele an.

3.2 Erhebungsmethode

Zur Untersuchung des Themas hat die Verfasserin sich für eine vollstandardisierte Befragung entschieden. Bei dieser Umfrageform sind „Fragen, Reihenfolge und Antwortmöglichkeiten, bis auf wenige offene Fragen, vorgegeben".[218] Die Erhebung wurde über die Onlineumfragesoftware SurveyMonkey ausschließlich online durchgeführt. Verbreitet wurde sie auf Facebook, YouTube, Twitter, Reddit, Google+ und im Forum einer „Guild Wars II"[219] Gilde, im Untersuchungszeitraum 06.11.2015 bis einschließlich 15.11.2015. Die Verfasserin hat auf den Social Media Portalen gezielt Fangruppierungen und Communities bekannter Blogger angeschrieben.

Voraussetzung zur Teilnahme an der Umfrage war, dass die Befragten Let's Plays schauen. Die Erhebung wurde in deutscher Sprache verbreitet. Somit beschränkten sich die Mitwirkenden automatisch auf den deutschsprachigen Raum, was eine der von der Autorin gesetzten Rahmenbedingungen dieser Arbeit ist.

---

218 Andreß, 1999, 2

219 „Guild Wars II" ist ein Massively Multiplayer Online Role-Playing Game(MMORPG).

Der betreffende Fragebogen befindet sich im Anhang dieser Arbeit und wird im Folgenden in Bezug auf Vorgehensweise und Formulierung eingehender erklärt. Die Ergebnisse der Erhebung werden dann im Kapitel „3.4 Ergebnisse und Analyse“ analysiert und ausgewertet.

Die gesamte Untersuchung wurde in der Sprache und Ausdrucksweise des Publikums geschrieben mit dem Ziel, dass dieses sich sowohl formal als auch inhaltlich angesprochen und verstanden fühlen konnte. Da diese Zielgruppe sehr vertraut mit der deutschen Blogosphäre ist und das persönliche Umfeld im Internet sehr schätzt, entschied sich die Autorin dem Fragebogen eine persönliche Note zu verleihen. So wurde der Einleitungs- und Dankestext freundschaftlich formuliert und das „Du“ statt „Sie“ als direkte Anrede verwendet. Weiterhin legte die Verfasserin viele Fragen als Pflichtfragen fest, welche durch ein Sternsymbol markiert sind. Ferner wurde mit verzweigten Fragestellungen gearbeitet, je nachdem wie die Teilnehmer geantwortet haben.

Die drei verzweigten Fragen konnten aus technischen Gründen jedoch keine Pflichtfragen sein. Je nach Antwort hätten Teilnehmer verzweigte Fragen überspringen und am Ende der Umfrage mit dem Abschicken der Daten Probleme bekommen können. Nur wenn alle Pflichtfragen ausgefüllt waren, konnten die ausgefüllten Fragebögen übermittelt werden. Die drei verzweigten Fragen lauteten:

- **Frage 5: „Wie viele Let’s Play Kanäle hast Du ungefähr abonniert?“**
  Diese Frage wurde nur Teilnehmern gestellt, die vorher bestätigten, einen YouTube Account zu haben.

- **Frage 17: „Was ist der Grund dafür, dass Du Dir noch nie ein Spiel aufgrund eines Let’s Plays gekauft hast?“**
  Dies wurden die Mitwirkenden nur gefragt, wenn sie zuvor angaben, sich noch nie ein Spiel wegen eines Let’s Plays gekauft zu haben.

- **Frage 20: „Welches Format auf YouTube wäre für Dich eine Alternative zum Let’s Play Format? (Mehrfachnennungen möglich)“**
  Stellten die Befragten in einer vorherigen Frage klar, dass sie auch andere Formate auf YouTube schauten, wurde ihnen diese Frage gestellt.

Folgende Fragen waren ebenfalls nicht verpflichtend, und zwar aus folgenden Gründen:

- **Frage 8: „Bei welchem deutschen Let's Play Kanal schaust Du regelmäßig (mindestens jedes zweite Mal, wenn Du Let's Plays schaust) rein? (Mehrfachnennungen möglich)"**
Hier gab es Teilnehmer, die keinen Let's Play Kanal regelmäßig schauen oder ausschließlich englische Let's Play Kanäle regelmäßig ansehen.

- **Frage 10: „Welche Gründe hast Du, ein Spiel nicht selbst zu spielen, sondern es nur als Let's Play zu schauen? (Mehrfachnennungen möglich)"**
Hier gab es möglicherweise Teilnehmer, die jedes Spiel, das sie als Let's Play verfolgten, auch selber spielen bzw. nur aus dem Grund, weil sie es selber spielen, anschauen.

- **Frage 13: „Welche Eigenschaften sind Deiner Meinung nach für einen Let's Player am wichtigsten, um auf YouTube bei der Gaming-Community beliebt zu sein/werden? Wähle im Ranking die Dir wichtigsten Eigenschaften aus, wobei 1 am wichtigsten und 10 am unwichtigsten ist. (Du kannst die Eigenschaften auch mit der Maus verschieben und so Deine Reihenfolge festlegen.)"**
Einigen Befragten war der Let's Player eventuell gar nicht wichtig, womit die Benennung der wichtigsten Eigenschaften überflüssig wurden.

- **Frage 21: „Schauen immer mehr Freunde von Dir Let's Plays?"**
Nicht jeder Teilnehmer hat Freunde, die Let's Plays ansehen.

- **Frage 22: „Willst Du noch andere Gedanken über Let's Plays mitteilen?"**
Nicht jeder Befragte wollte etwas mitteilen. Die offene Frage am Ende diente vorrangig dazu, den Mitwirkenden einen runden und entspannten Abschluss der Untersuchung zu bieten.

Desweiteren wurde **Frage 7** mithilfe einer Matrix und Mehrfachnennungen erstellt. Hier sollten die Teilnehmer ankreuzen, an welchen Tagen sie ungefähr wie lange Let's Plays schauen, damit in der Gesamtheit eine Übersicht über den durchschnittlichen Konsum von Let's Plays innerhalb einer Woche gewonnen werden konnte.

Bei drei Fragen der Erhebung wurden Skalen mit der Einteilung von eins bis sechs verwendet. Zum ersten Mal wurde eine Skala bei **Frage 12** eingesetzt. Dort ist nach Wichtigkeit des Moderators bei einem Let's Play gefragt. Die Teilnehmer konnten von eins für „gar nicht wichtig" bis sechs für „super wichtig“ auswählen. Die anderen beiden Skalen fragen ab, wie die Befragten zu bestimmten Statements stehen: Von eins für „stimme gar nicht zu“ bis sechs für „stimme voll und ganz zu“. Die Schritte dazwischen sind wie folgt definiert: Zwei steht für „nicht wichtig“ bzw. „stimme nicht ganz zu“, drei steht für „eher unwichtig“ und „eher nein“, vier steht für „weniger wichtig“ und „eher ja“ und schließlich die fünf für „wichtig“ und „stimme schon zu“. Den Rezipienten wurde allerdings die Gewichtung für die Zwischenschritte auf der Skala nicht angezeigt, sondern lediglich eins und sechs mit entsprechender Beschriftung. Die Verfasserin entschied sich bewusst für drei Sechser-Skalen, da sie keine explizite Mitte haben. Somit mussten die Teilnehmer, sofern sie nicht die beiden Extreme wählten, wenigstens unterschiedlich starke Tendenzen angeben.

Bei einigen Fragen wurde die Reihenfolge der Antwortmöglichkeiten randomisiert, also jedem Teilnehmer anders angezeigt, um einige Antworten nicht suggestiv auf die Teilnehmer wirken zu lassen. Bei diesen Fragen wurde die Reihenfolge der Antworten randomisiert:

- **Frage 8: „Bei welchem deutschen Let’s Play Kanal schaust Du regelmäßig (mindestens jedes zweite Mal, wenn Du Let’s Plays schaust) rein? (Mehrfachnennungen möglich)“**
  Die Auswahl der Antworten, die hier zur Verfügung steht, stellen die Künstlernamen der zehn erfolgreichsten deutschen Let’s Player (gemessen an ihren Abonnentenzahlen) dar. Um das Ranking dieser Blogger nicht zu beeinflussen wurde es für jeden Teilnehmer anders sortiert. Im beigefügten Fragebogen ist die Reihenfolge allerdings nach dem Aspekt des Erfolges geordnet.

- **Frage 13: „Welche Eigenschaften sind Deiner Meinung nach für einen Let’s Player am wichtigsten, um auf YouTube bei der Gaming-Community beliebt zu sein/werden? Wähle im Ranking die Dir wichtigsten Eigenschaften aus, wobei 1 am wichtigsten und 10 am unwichtigsten ist. (Du kannst die Eigenschaften auch mit der Maus verschieben und so Deine Reihenfolge festlegen.)“**
  Auch bei dieser Frage wurden die Antwortmöglichkeiten bzw. die Eigenschaften randomisiert dargestellt, da diese ursprünglich von der Autorin nach ihren eigenen Prioritäten geordnet wurden.

- **Frage 20: „Welches Format auf YouTube wäre für Dich eine Alternative zum Let’s Play Format? (Mehrfachnennungen möglich)“**
  Das Randomisieren erfolgte aus demselben Grund, wie bei Frage 13.

Die Bachelorandin hat sich bei einigen ihrer Fragen von Heike Stephans Untersuchung inspirieren lassen und einige Punkte ganz oder teilweise übernommen. Dies betrifft die **Fragen 7, 9** und **11**. In dem Kapitel „3.4.4 Vergleiche zu bestehenden Studien" wird die Verfasserin ihre Umfrageergebnisse mit denen von Heike Stephan vergleichen.

3.3 Durchführung der Erhebung

Die Verbreitung der vollstandardisierten Befragung wurde am Freitag, den 06.11.2015, auf den Portalen Facebook, YouTube, Twitter, Reddit und Google+ gestartet. Da die Erhebung mit der Software von SurveyMonkey erstellt wurde und daher auch über den Server des Unternehmens lief, konnte auf den ausgewählten Social Media Portalen der Link zur SurveyMonkey Seite gepostet werden. Durch das Benutzen eines Links war es etwas schwieriger, die Adressaten zum Mitmachen zu bewegen. Unbekannte Links auf Social Media Portalen werden von vielen Usern oft ignoriert. Daher testete die Autorin verschiedene Posts mit jeweils unterschiedlichen Ansprachestilen, um die Zielgruppe zum Ausfüllen des Fragebogens zu animieren. Diese Versuche gestalteten sich in etwa wie folgt:

- **Persönlich**
  Wie schon öfter erwähnt, sind die Zuschauer von Let's Play Videos meist jung und suchen im Internet Blogs auf, um sich auf einer persönlichen und freundschaftlichen Ebene unterhalten oder informieren zu lassen. So hat die Autorin sehr persönliche Posts formuliert, die viel von ihrer Person preisgeben, um die Unterstützung des Publikums anzufordern. Ein Beispiel:
  „*Moin liebe Community. Ich, 24 Jahre alt und am Ende meines Studiums brauche EURE Unterstützung. Ich schreibe meine Abschlussarbeit über LPs. Nur ihr könnt beweisen, was die Faszination von LPs ausmacht! Darum wäre es großartig, wenn ihr an meiner Umfrage teilnehmen könntet. Dauert auch nur ca. 5 Min. Vielen Dank! Link*"

- **Statements**
  Hier gab die Verfasserin sehr einfache und kurze Statements für ihre Posts ab, die zum Titel der Arbeit passen und die Neugier der Zielgruppe wecken sollten:
  „*"Let's Player sind Vorbilder für ihre Fans." – Stimmt ihr mir zu? Eure Meinung ist gefragt. Unter: Link*"

- **Fragestellungen**
  Ähnlich wie bei den kurzen Statements wurde versucht, mit interessanten Fragen die Aufmerksamkeit der potenziellen Teilnehmer zu gewinnen. Auch hier ein Beispiel:
  „*Warum #Blogger auf #YouTube so viel #Erfolg haben? Lasst uns das gemeinsam herausfinden! #letsplay Link*“

- **Klischees**
  Die Bachelorandin konnte einige Male feststellen, dass die Zielgruppe von Let's Plays äußerst empfindlich auf Klischees reagiert. Ein Grund hierfür liegt wohl darin, dass ein Großteil der Gesellschaft, dem sich die Faszination der Videos nicht erschließt, ihr mit Vorurteilen begegnet. Der Autorin war bewusst, dass die Nutzung von Klischees zur Gewinnung von Aufmerksamkeit auch negative Assoziationen hervorrufen könnte. Dennoch versuchte sie diesen Weg, um eventuell den Ehrgeiz der Adressaten zu wecken an ihrer Umfrage teilzunehmen:
  „*“Gamer sind alle dicke Nerds, die kein Leben haben“? Wir wissen alle, dass die Realität anders aussieht. Zeit es zu beweisen. Eure Stimme zählt! Link*“

Keine der vorgestellten Ansprachen hat die Zielgruppe zur Mitwirkung bewegen können. Am Montag, den 09.11.2015, musste die Absenderin feststellen, dass sie erst 29 Beantwortungen erhalten hatte, während ihre Mindestanforderung bei 100 lag.

Der Fragebogen wurde daraufhin übersichtlicher und transparenter gestaltet. Zunächst wurden die Fragen durchnummeriert. Zudem fügte die Autorin in den Fragebogen einen Fortschrittsbalken ein, der den Teilnehmern prozentual anzeigte, wie weit sie in der Umfrage schon gekommen waren. Des Weiteren wurde schon zu Anfang klargestellt, dass es insgesamt 22 Fragen zu beantworten galt. Die Fragen blieben jedoch unverändert.

Weiterhin textete die Absenderin einen neuen Post, der die Zielgruppe wesentlich besser ansprach als die vorherigen:

> „Hi Community. Schreibe meine Abschlussarbeit über Let's Plays und brauche eure Unterstützung dafür. Würd mich freuen, wenn ihr meine Umfrage dazu ausfüllen könntet. Sind 22 Fragen, die gut in 5 Min zu schaffen sind. Danke schön!"

Dieser Post, äußerst lapidar und umgangssprachlich formuliert, beinhaltete allerdings auch eine persönliche Note und vermittelte den so Angesprochenen von vornherein eine genaue Einschätzung des zeitlichen Aufwands. Offenbar erregte er ferner das Interesse der Zielgruppe.

Ab Dienstag, den 10.11.2015, nahmen die Beantwortungen schlagartig zu. Am 15.11.2015 konnte die Erhebung mit 1.465 Beantwortungen abgeschlossen werden.

3.4 Ergebnisse und Analyse

In diesem Unterkapitel wird die Verfasserin zunächst ihre Gesamtergebnisse vorstellen. Anschließend wird sie genauer ins Detail gehen und die Unterschiede der männlichen und weiblichen Teilnehmer sowie der unterschiedlichen Altersgruppen herausstellen und miteinander vergleichen. Abschließend wird die Autorin ihre Umfrageergebnisse in Teilen mit den anderen zitierten Untersuchungen vergleichen, deren Umfragen sie bereits im Kapitel „2.3 Die Zielgruppe" vorgestellt hat.

3.4.1 Gesamtergebnisse

Im Folgenden werden die sechs von der Verfasserin im Vorfeld definierten Teilfragen beantwortet und somit die Gesamtergebnisse der Erhebung textlich als auch grafisch vorgestellt. Die Gesamtergebnisse sind im Anhang komplett visuell dargestellt.

1. Wer gehört zur Zielgruppe solcher Let's Play Videos?

Insgesamt haben sich 1.465 Teilnehmer an der Befragung der Autorin beteiligt. Davon sind 75 Prozent männlich und 25 Prozent weiblich. Die erfasste Hauptzielgruppe besteht zu 50 Prozent aus Jugendlichen (13 bis 17 Jahre). Zweitgrößte Gruppe bilden die 18- bis 25-Jährigen mit 36,5 Prozent. Danach folgen die 26- bis 40-Jährigen mit 9,2 Prozent, von der Verfasserin als „Erwachsene I" betitelt. Die Altersgruppe „Unter 13 Jahre" wird im Weiteren von der Autorin „Kinder" genannt. Sie macht lediglich 2,6 Prozent der Gesamtteilnehmer aus. Das Schlusslicht bilden die 41- bis 65-Jährigen („Erwachsene II") mit 1,2 Prozent und die über 65-Jährigen („Rentner und Pensionäre") mit 0,5 Prozent.

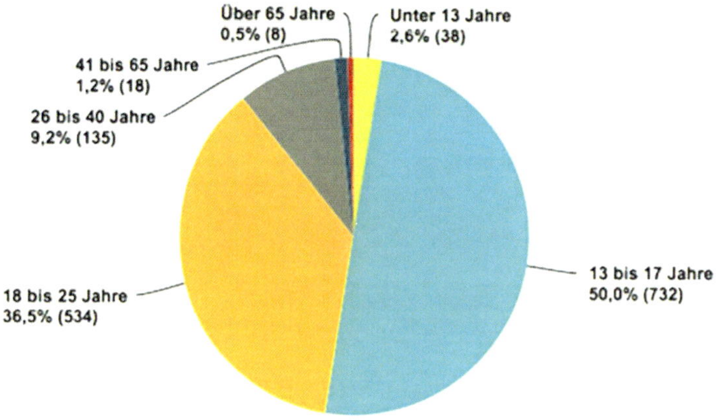

Abbildung 6: Altersverteilung der Gesamtteilnehmer

Die von den Rezipienten angegebenen Berufe passen zu den Altersangaben: 57,4 Prozent sind Schüler. Zweitgrößte Berufsgruppe bilden Studenten mit 16,5 Prozent. Mit 10,5 Prozent sind Angestellten die drittgrößte Berufsgruppe, gefolgt von Auszubildenden mit 8,4 Prozent. 4 Prozent der Befragten waren zum Zeitpunkt der Umfrage arbeitssuchend und 1,2 Prozent nach eigenen Angaben selbstständig. Bei 0,3 Prozent der Mitwirkenden handelt es sich um Rentner und Pensionäre. 1,6 Prozent gaben ihren Beruf separat unter der Option „Sonstiges" an. Zwar sind dort Berufe genannt worden, die durchaus einer der vorhandenen Klassifizierungen hätten zugeordnet werden können, die meisten Befragten gaben allerdings an, arbeitsunfähig, verbeamtet oder Hausfrau zu sein. Fast alle Teilnehmer (91,6 Prozent) besitzen einen Google- bzw. einen YouTube Account. Ihnen wurde die verzweigte Frage gestellt, wie viele Let's Play Kanäle (kurz: LP-Kanäle) sie insgesamt etwa abonniert hätten. Die Ergebnisse hierzu sind sehr unterschiedlich: 27,9 Prozent der Teilnehmer haben ein bis fünf LP-Kanäle abonniert, sechs bis zehn LP-Kanälen folgten mit 25,7 Prozent schon weniger Befragte, elf bis zwanzig LP-Kanälen nur noch 20,6 Prozent. Die restlichen 25,8 Prozent der Mitwirkenden verteilen sich auf die anderen Antwortoptionen, wie in der folgenden Abbildung 7 dargestellt. Die meisten der Befragten spielen auch selbst Videospiele (93,6 Prozent).

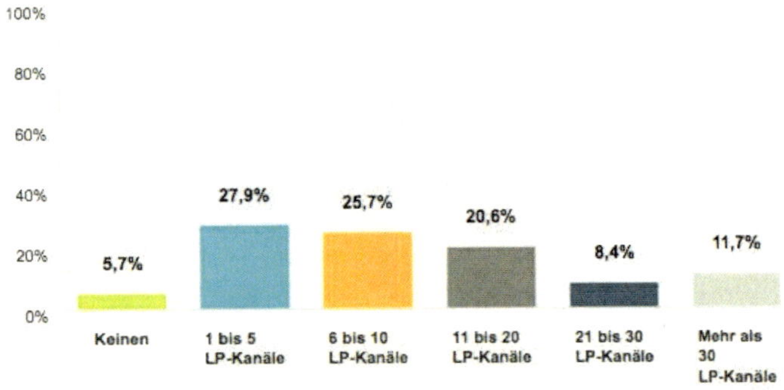

Abbildung 7: Abonnierte Let's Play Kanäle der Gesamtteilnehmer

2. Wie viel Zeit verbringt die Zielgruppe damit, Videos der Let's Player anzuschauen?

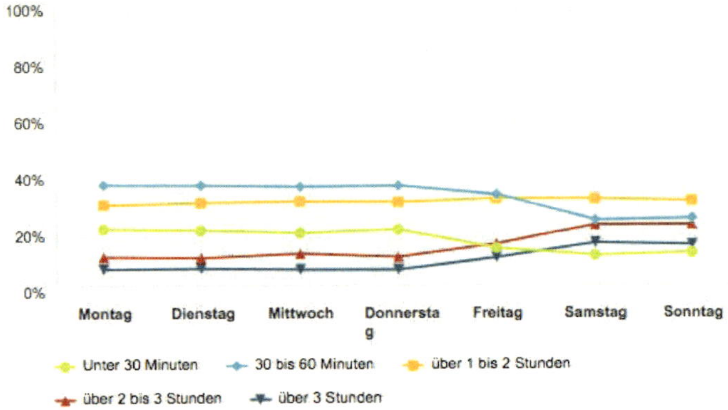

Abbildung 8:Durchschnittlicher Konsum des Let's Play Formats der Gesamtteilnehmer

Abbildung 8 kann entnommen werden, dass das Publikum am Wochenende generell mehr Zeit mit dem Schauen von Let's Plays verbringt als unter der Woche. Der von der Verfasserin ermittelte Median[220] liegt montags bis donnerstags bei „30 bis 60 Minuten", während er freitags bis sonntags bei „über 1 bis 2 Stunden" liegt.

[220] Der Wert, der genau in der Mitte einer Datenverteilung liegt, nennt sich Median oder Zentralwert. Quelle: Statista (Hrsg.), o.J.

3. Welchen Mehrwert verspricht sich die Zielgruppe von Let's Plays, bzw. was macht für sie die Faszination dieses Formats aus?

Da die Verfasserin die Hypothese aufgestellt hat, dass der Let's Player der Zielgruppe generell am wichtigsten ist, wird zunächst beantwortet, wer überhaupt regelmäßig von der Zielgruppe eingeschaltet wird. Gronkh wird seinem Titel als „populärster deutscher Let's Player" gerecht. 51,6 Prozent der Teilnehmer gaben an, regelmäßig seinen Kanal zu besuchen. 38,5 Prozent schauen aber auch Sarazars Videos regelmäßig an, gefolgt von Zombey an dritter Stelle mit 20,9 Prozent Zuschauern. Die übrigen Let's Player der Top 10 Deutschlands erreichen unter den Teilnehmern dieser Umfrage nicht einmal 20 Prozent an regelmäßigem Publikum. Zweifelsohne haben die Communities von Gronkh, Sarazar und Zombey besonders zahlenkräftig an dieser Umfrage teilgenommen. Zwar war die Verfasserin stets bemüht, auch die Communities anderer Blogger zu erreichen, allerdings gab es hier nicht von jeder Community gleich stark frequentierte Rückläufe. 68,8 Prozent der Rezipienten gaben außerdem an, auch anderen Let's Playern regelmäßig zu folgen.

Wirklich interessant werden nun die Antworten auf die Frage „Warum schaust Du Let's Plays? (Mehrfachnennungen möglich)".

Antwortoptionen	Beantwortungen	
Weil ich die Kommentare des Let's Players lustig finde	62,2%	880
Weil ich den betreffenden Let's Player unterstützen möchte	39,4%	557
Um zu sehen, ob ein Kauf sich lohnt	51,3%	726
Um Hilfe oder Tipps für das Spiel zu bekommen	31,6%	447
Um alternative Wege durch das Spiel zu sehen, ohne es selbst noch einmal spielen zu müssen	28,3%	400
Weil ich mich für das Spiel interessiere, es aber nicht selbst spielen möchte	67,0%	948
Andere Gründe	33,8%	478
Befragte gesamt: 1.415		

Abbildung 9: Die Gründe der Gesamtteilnehmer, warum Let's Plays geschaut werden

Hier behaupteten die meisten Mitwirkenden (67 Prozent), sich zwar für das Spiel zu interessieren, es aber nicht selber spielen zu wollen. Die Folgefrage, deren Ergebnisse im Detail auf der nächsten Seite durch Abbildung 10 dargestellt werden, hakt an dieser Stelle noch einmal genauer nach. Tatsächlich liegt der Hauptgrund, weshalb Teilnehmer das Spiel nicht selber spielen wollen, in den Kosten für Spiel oder Ausrüstung (56,3 Prozent). Das Ergebnis überrascht: Wenn die Zielgruppe vorwiegend Let's Plays schaut, um das Spiel zu genießen ohne es kaufen zu müssen, würde das nicht bedeuten, dass Let's Plays eben nicht den aus kommerzieller Sicht erhofften Werbeeffekt erzielen? Die Thematik wäre es zweifellos wert, in einer anderen Facharbeit eingehender untersucht zu werden.

Abbildung 9 zeigt auch, dass das zweithäufigste von den Rezipienten genannte Motiv für das Schauen eines Let's Plays mit 62,2 Prozent die lustigen Kommentare des Let's Players waren. Der dritthäufigste genannte Grund mit 51,3 Prozent war der, „um zu sehen, ob ein Kauf sich lohnen würde“, was immerhin zeigt, dass Let's Plays doch einen gewissen Einfluss auf die Kaufentscheidung entfalten können. 39,4 Prozent der Befragten gaben an, „den betreffenden Let's Player unterstützen“ zu wollen. 33,8 Prozent des Publikums schauten Let's Plays aus anderen als von der Verfasserin vorgeschlagenen Gründen. Mit einem Anteil von 31,6 Prozent erhofften sich Teilnehmer Tipps und Hilfestellungen für das Spiel von Seiten des Let's Players zu erhalten. 28,3 Prozent hingegen waren an alternativen Lösungswegen eines Spiels interessiert, ohne es selber noch ein weiteres Mal spielen zu müssen. Die Verfasserin vermutet, dass dieses Motiv an Bedeutung zunehmen wird, da Videospiele immer interaktiver gestaltet werden und dem Spieler heutzutage oft Entscheidungen überlassen, die den Verlauf der Geschichte verändern und zu einem anderen Spielausgang führen.

Antwortoptionen	Beantwortungen	
Ich habe nicht die Zeit das Spiel selbst zu spielen	36,1%	503
Ich besitze nicht die nötigen Gaming-Skills um das Spiel durchzuspielen	16,4%	229
Ich fürchte mich zu sehr das Spiel selbst zu spielen (z.B. Horrorspiele, oder ähnliches)	23,9%	334
Ich bin noch nicht alt genug, um das Spiel selbst zu spielen	10,0%	139
Ich schaue mir lieber die Reaktionen des Let's Players an	50,4%	703
Das Spiel bzw. die Ausrüstung für das Spiel sind zu teuer	56,3%	785
Andere Gründe	32,6%	455
Befragte gesamt: 1.395		

Abbildung 10: Die Gründe der Gesamtteilnehmer ein Spiel „passiv“ zu erleben

Die Gründe, ein Spiel nur „passiv“ als Let's Play zu schauen, statt selber zu spielen, sind vielfältig: Abgesehen von dem hohen Kostenfaktor ist es 50,4 Prozent der Teilnehmer lieber, Let's Plays anzusehen statt selber zu spielen, um die Reaktion des Let's Players auf das Spiel zu beobachten. Dieses Ergebnis ist sehr interessant, weil es zeigt, dass eine Mehrheit derjenigen, die ein Spiel nur als Let's Play verfolgen, ohne es selber zu spielen, offenbar einen Zusatznutzen bzw. einen Erlebnisgewinn aus dem bloßen Beobachten der Reaktionen des

Let's Players erhält. Dies weist darauf hin, dass tatsächlich das Konzept der Interpassivität (siehe Kapitel „2.3.2.2 Das delegierte Genießen") für den Konsum von Let's Plays eine Rolle spielt. Dieser Sachverhalt wäre es wert, in einer anderen Facharbeit untersucht zu werden.

Wie Abbildung 10 zu entnehmen ist, haben 36,1 Prozent der Teilnehmer nach eigenen Angaben schlichtweg nicht die Zeit, das Spiel selbst auszuprobieren. 32,6 Prozent gaben andere Gründe an. 23,9 Prozent schauten sich Let's Plays von Horrorspielen an, weil sie sich davor fürchteten diese selber zu spielen. Allerdings gab es auch den Fall, dass Zuschauer nicht genug Erfahrung oder Geschicklichkeit im Umgang mit Computerspielen besaßen, wie 16,4 Prozent der Befragten meinten. Die Verfasserin schreibt bei dieser Option in der Umfrage über „fehlende Gaming-Skills", einem Fachausdruck, um sich sprachlich der Zielgruppe anzupassen. Lediglich 10 Prozent der Befragten waren nicht alt genug, ein bestimmtes Spiel zu erwerben und schauten deshalb Let's Plays.

4. Was ist der Zielgruppe bei einem Let's Play besonders wichtig?

Die Autorin vermutete bereits zuvor, dass dem Let's Player eine wichtige Rolle in Bezug auf die Faszination besagter Videos zukommt. Die Ergebnisse der **Frage 11** bestätigen das. An dieser Stelle mussten die Teilnehmer eine Entscheidung in Bezug auf ihre Prioritäten treffen. 69 Prozent ist der die Videos kommentierende Moderator generell am wichtigsten. Die anderen Antwortmöglichkeiten konnten dem Blogger keine Konkurrenz machen. Nur 14,1 Prozent der Rezipienten ging es hauptsächlich um das vorgestellte Spiel. Somit ist das eigentliche Spiel in diesem Zusammenhang am zweitwichtigsten. 9,2 Prozent präferierten die technische Qualität des Videos und 6 Prozent fühlten sich durch die Vorgaben der Verfasserin nicht repräsentiert und gaben „andere Aspekte" an. Nur einem kleinen Teil von 1,6 Prozent der Angesprochenen war es besonders wichtig, dass der Let's Player ein erfahrener Spieler bzw. ein „Pro-Gamer"[221] ist. Um sicher zu ermitteln, welchen Stellenwert der Videoblogger hat, fragte die Bachelorandin bei den Teilnehmer noch einmal gezielt mit einer Skala nach, wie wichtig den Teilnehmer der Moderator eines Let's Play Videos ist. Auch an dieser Stelle machten die meisten Befragten (44,9 Prozent) deutlich, dass ihnen der Kommentator „super wichtig" sei. Knapp dahinter folgten 42,3 Prozent mit der Meinung, der Moderator sei „wichtig". Die restlichen

221 Ein „Pro-Gamer" ist ein Könner auf dem Gebiet des Videospielens.

5,8 Prozent verteilten sich auf die Kategorien „weniger wichtig“ bis „gar nicht wichtig“.

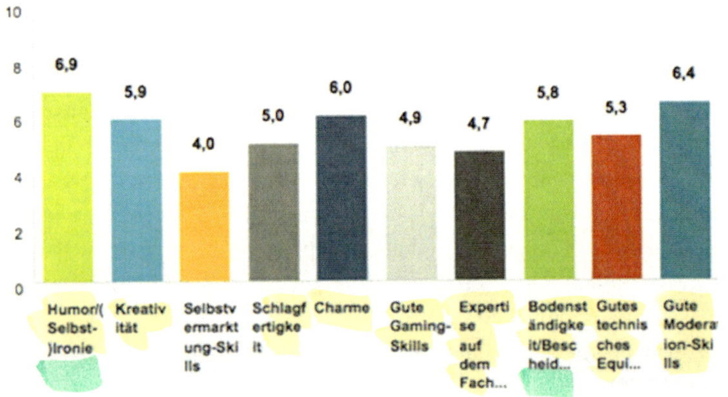

Abbildung 11: Die wichtigsten Eigenschaften eines Let's Players nach Auffassung der Gesamtteilnehmer

Nicht alle Let's Player sind gleichermaßen beliebt. Daher galt es herauszufinden, welche Eigenschaften ein Let's Player mitbringen muss, um bei der Community beliebt und geschätzt zu sein. Die Befragten sollten in einem Ranking die wichtigsten Eigenschaften auswählen, wobei 1 am wichtigsten und 10 am unwichtigsten war und nicht umgekehrt wie irrtümlich von SurveyMonkey dargestellt. Die Balken der Grafik geben den von SurveyMonkey errechneten Mittelwert an. Je höher der Mittelwert, desto wichtiger also die gewählte Eigenschaften im durchschnittlichen Gesamtergebnis. Demnach wurden Humor und (Selbst-)Ironie mit dem errechneten Mittelwert von 6,9 als „am wichtigsten“ gerankt. Die zweitwichtigste Eigenschaft eines Let's Players ist nach Auffassung der Rezipienten, über „gute Moderation-Skills“ zu verfügen (6,4), gefolgt von „Charme“ als dritthäufigster gewählter Priorität (6,0). Welchen Stellenwert die anderen Eigenschaften des Videobloggers für die Teilnehmer hatten, zeigt Abbildung 11.

Überraschend ist auch die Tatsache, dass entgegen allen Klischees 70,5 Prozent der Teilnehmer – gemessen am jungen Alter der Hauptzielgruppe – ihren Lieblings-Let's-Player nicht als Vorbild ansehen, sondern als Gleichen unter Gleichen.

5. Haben Let's Player bewusst oder unbewusst Einfluss auf ihre Zielgruppe und deren Kaufentscheidung auf dem Gaming-Markt?

Die Untersuchung zeigt, dass viele Zuschauer dem Let's Player nicht so uneingeschränkt vertrauen wie gemeinhin angenommen. Auf einer Sechser-Skala sollten sie ihre Zustimmung zu dem Statement „Let's Plays spiegeln die unabhängige Meinung der Let's Player zu dem Spiel wieder" abgeben. 34,8 Prozent der Rezipienten meinten „eher ja", also eine Tendenz in Richtung des zustimmenden Extrems. 31,1 Prozent der Befragten waren schon optimistischer und wählten „stimme schon zu". 15,3 Prozent gaben allerdings „eher nein" und somit eine Tendenz zum widersprechenden Extrem an. Danach folgen erst die „stimme voll und ganz zu"-Wähler mit 10,9 Prozent. Die restlichen Teilnehmer widersprachen dem Statement unterschiedlich rigoros.

Es folgten weitere Fragen, welche die mögliche Beeinflussung der Kaufentscheidung zum Thema hatten. So gab die Mehrheit der Rezipienten (67,9 Prozent) an, sich schon ein bis fünf Mal ein Spiel wegen eines Let's Plays gekauft zu haben, 12 Prozent haben sich sechs bis zehn Mal für einen Erwerb entschieden und 6,2 Prozent wurden gar mehr als zehn Mal zum Kauf eines Spiels angeregt. Allerdings haben 14 Prozent der Teilnehmer noch nie ein im Let's Play vorgestelltes Videospiel gekauft. Diesen 189 Teilnehmern wurde die verzweigte Frage gestellt, warum sie sich noch nie ein Spiel wegen eines Let's Plays gekauft haben.

Etwa die Hälfte der 189 Befragten machte sich angeblich noch keine Gedanken darüber, ein vorgestelltes Spiel zu kaufen und 26,6 Prozent hielten den Erwerb für zu kostspielig. Auch hier ist also der Kostenfaktor nicht zu unterschätzen. Die restlichen 23,3 Prozent haben andere Gründe angegeben, weshalb sie sich noch nie ein Spiel wegen eines Let's Plays gekauft haben. Diese Gründe sind in Abbildung 12 dargestellt.

Antwortoptionen	Beantwortungen	
Beabsichtige ich in der nächsten Zeit	6,5%	12
Hab ich mir noch keine Gedanken drüber gemacht	50,0%	92
Das ist mir zu teuer	26,6%	49
Das verbieten meine Eltern	5,4%	10
Ich wünsche mir diese Spiele lieber zu Weihnachten/Geburtstag/oder zu anderen Anlässen	11,4%	21
Gesamt		184

Abbildung 12: Die Gründe, weshalb noch nie im Let's Play vorgestellte Spiele gekauft wurden

Gelangten die Befragten zu **Frage 18**, mussten sie sich explizit mit der Beeinflussung der Kaufentscheidung durch Let's Plays auseinandersetzen. Eben diese Behauptung wurde von der Verfasserin in den Raum gestellt und die Mitwirkenden sollten auf einer Sechser-Skala ihre Zustimmung ausdrücken. 31,8 Prozent der Zuschauer waren der Meinung, dass die Spielevideos schon erheblichen Einfluss auf ihre Kaufentscheidung hätten. 27,7 Prozent waren sich nicht sicher und gaben „eher ja" an. 18,2 Prozent stimmten der These jedoch voll und ganz zu. Somit ist sich die Mehrheit der Teilnehmer zumindest bewusst, dass Let's Plays die Kaufentscheidung erheblich beeinflussen können. Lediglich die übrigen 22,4 Prozent der Befragten widersprachen der Behauptung mehr oder minder rigoros.

6. Wird die Zielgruppe auch künftig dem Let's Play Format treu bleiben?

Für 35,3 Prozent der Umfrageteilnehmer gibt es keine Alternative zu YouTubes Let's Play Format. Der Großteil der Mitwirkenden mit 65,7 Prozent besucht auch andere Formate der Plattform. Am beliebtesten sind Comedy- und Satirevideos (78,1 Prozent) sowie Musikclips (60,8 Prozent). Erst danach folgen Nachrichten mit 32,8 Prozent Zuschauern. Die restlichen Prozentzahlen verteilen sich auf andere Kanäle.

Die Frage, ob immer mehr Freunde der Mitwirkenden Let's Plays anschauen, wurde von der Mehrheit als konstant angegeben (61,1 Prozent). 31,5 Prozent der Teilnehmer behaupteten jedoch, dass ihre Freunde vermehrt dieses Format ansehen würden. Nur bei 7,4 Prozent nimmt die Anzahl der Let's Plays teilenden Freunde ab. Somit ist eine Tendenz zu erkennen, dass die Nutzung des Formats künftig noch zunehmen wird.

Die im Abschluss des Fragebogens gestellte offene Frage „Willst Du noch andere Gedanken über Let's Plays mitteilen?" wurde von 16,2 Prozent der Rezipienten beantwortet. Hiervon behaupteten 9,9 Prozent gar nicht mehr fernzusehen, sondern nur noch YouTube zu besuchen. Diese Zahlen sind selbstverständlich nicht sehr aussagekräftig, jedoch nach Ansicht der Autorin interessant genug, um in einer anderen Facharbeit näher untersucht zu werden.

Antwort auf die Kernfrage

Die Antwort auf die ursprüngliche Frage „Was macht den Erfolg von Bloggern am Beispiel von Let's Playern im deutschsprachigen Raum aus?" lautet wie folgt: Nach den Erkenntnissen der Studie trägt die wahrgenommene Persönlichkeit des Bloggers maßgeblich zu seinem Erfolg bei, gemessen an seinen Abonnentenzahlen. Insbesondere die Eigenschaften Humor/(Selbst-)Ironie, gute Moderation-Skills und Charme werden an ihm geschätzt. Der Mehrwert des Formats liegt für den Nutzer im Wesentlichen darin, dass er Spiele kennenlernen kann, ohne diese selbst zu spielen, wobei er erstens Kosten vermeiden und zweitens einen Erlebnisgewinn aus der Beobachtung der Reaktion des Spielers ziehen kann.

3.4.2 Mann vs. Frau

In diesem Unterkapitel geht die Verfasserin auf die deutlichen Unterschiede in der Befragung zwischen männlichen und weiblichen Teilnehmern ein. Gemeinsamkeiten werden hier nicht weiter erläutert und sind aus den Gesamtergebnissen ersichtlich.

Zunächst unterscheiden sich die beiden Geschlechter schon demografisch. Von den männlichen Befragten waren 53 Prozent Jugendliche, 34,3 Prozent junge Erwachsene und 8,6 Prozent gehörten der Altersgruppe Erwachsene I an. Die Teilnehmerinnen waren zu 42,9 Prozent junge Erwachsene, zu 40,7 Prozent Jugendliche und zu 10,9 Prozent Erwachsene I. Die übrigen 4,1 Prozent auf männlicher und 5,5 Prozent auf weiblicher Seite verteilten sich auf die restlichen Altersgruppen. Es zeigt sich, dass weibliche Rezipienten durchschnittlich älter sind als männliche. Das spiegelt sich unter anderem auch bei den abgefragten Tätigkeiten wieder. Knapp die Hälfte der weiblichen Befragten (49,7 Prozent) sind Schülerinnen. Bei den männlichen Mitwirkenden sind es 60 Prozent. Dafür gibt es auf Seite der Frauen mehr Studentinnen (19,5 Prozent) als bei den Männern (15,4 Prozent). Da die befragten Frauen älter sind, gibt es bei ihnen auch mehr Angestellte (11,8 Prozent) und Auszubildende (9,1 Prozent) als bei den Männern (10,1 und 8,1 Prozent).

Zwar besitzen die meisten Befragten, unabhängig von ihrem Geschlecht, einen YouTube Account, wie schon in den Gesamtergebnissen festgestellt wurde. Doch Männer haben mehr Let's Play Kanäle abonniert als Frauen. Während Männer relativ ausgewogen angaben, zu 26 Prozent sechs bis zehn LP-Kanäle, zu 24,6 Prozent ein bis fünf LP-Kanäle und zu 21,5 Prozent elf bis zwanzig LP-Kanäle abonniert zu haben, gab es bei Frauen deutlichere Abstufungen: 38 Prozent der Mitwirkenden haben ein bis fünf LP-Kanäle abonniert, 24,7 Prozent sechs bis zehn solcher Kanäle und lediglich 17,9 Prozent elf bis zwanzig.

Die Frage, warum Teilnehmer lieber Let's Plays schauen würden, anstatt selber zu spielen, haben Männer und Frauen ebenfalls unterschiedlich beantwortet. Bei den Frauen gestanden 44,7 Prozent, besonders gern Horror Let's Plays zu schauen, weil sie zu viel Angst hätten selber zu spielen. Dies behaupteten nur 16,8 Prozent der befragten Männer. Frauen räumten auch sehr bereitwillig ein, nicht die für ein bestimmtes Spiel nötigen Gaming-Skills zu besitzen (32,3 Prozent). Dies einzugestehen trauten sich nur 11 Prozent der männlichen Teilnehmer. Sie gaben zu 35,9 Prozent lieber andere Gründe an, während bei den Frauen 23 Prozent andere Gründen bemühten.

Ein weiterer Unterschied zwischen männlichen und weiblichen Beantwortungen wird bei **Frage 17** deutlich. Als Grund, warum sie sich noch nie ein Spiel aus einem Let's Play gekauft hätten, gaben mehr männliche Befragten als weibliche an, sich erstens noch keine Gedanken darüber gemacht zu haben (52 Prozent) oder zweitens, dass ihre Eltern ihnen einen Kauf verbieten würden (7,9 Prozent). Letzteres wurde von keiner einzige Frau behauptet. Frauen antworteten allerdings häufiger als Männer, ihnen sei das Spiel zu teuer (29,8 Prozent), sie würden sich das Spiel zu besonderen Anlässen wünschen (15,8 Prozent) oder sie würden in Zukunft einen Kauf beabsichtigen (8,8 Prozent). Diese unterschiedlichen Angaben sind weitestgehend darauf zurückzuführen, dass weibliche Rezipientinnen durchschnittlich älter sind als die männlichen, wie bereits festgestellt wurde.

Interessanterweise gab es auch bei **Frage 19** unterschiedliche Meinungen. Für 41,6 Prozent der Frauen gibt es keine Alternative zum Let's Play Format. Männer behaupteten dies nur zu 31,8 Prozent. Wenn eine Alternative für die Beteiligten bestand, so fiel auch diese je nach Geschlecht unterschiedlich aus: Zwar verfolgten beide Geschlechter am häufigsten Comedy-, Satire- und Musikvideos, allerdings schauten männliche Mitwirkende eher Nachrichten (34,6 Prozent) als Frauen (26,9 Prozent), während offenbar Frauen lieber Beauty- und Lifestyle- und Reisevideos sowie How-to-Tutorials besuchten (jeweils ca. 5-20 Prozent mehr).

Bei einem Großteil der Fragen waren jedoch keine herausstechenden Unterschiede zwischen Männern und Frauen festzustellen, so zum Beispiel auch nicht bei den Skalen oder den Gründen Let's Plays zu schauen.

3.4.3 Die Altersgruppen

Hierin erläutert die Verfasserin Unterschiede in den Beantwortungen der verschiedenen Altersgruppen. Gemeinsamkeiten können den Gesamtergebnissen entnommen werden. Die Altersverteilung der Gesamtteilnehmer ist Abbildung 6 zu entnehmen. Aufgrund der geringen Rücklaufzahlen bei den Erwachsenen II und Rentnern und Pensionären werden beide Gruppen im Folgenden zusammengefasst und als „Erwachsene II“ betitelt. Aussagen zu dieser Altersgruppe sind aufgrund der geringen Stichprobenzahl nur mit Einschränkungen möglich.

Beim direkten Vergleich der Altersgruppen fällt auf, dass Zuschauer, je älter sie sind, weniger Let’s Play Kanäle abonnierten. Aus der folgenden Abbildung 13 geht hervor, dass der Anteil der älteren Altersgruppen mit steigender Anzahl der abonnierten Let’s Play Kanäle tendenziell abnimmt, wohingegen der Anteil jüngerer Gruppen zunimmt.

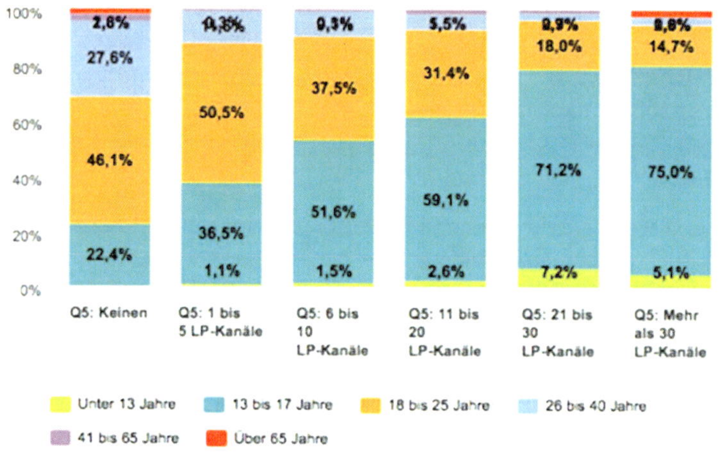

Abbildung 13: Altersunterschiede bei den abonnierten LP-Kanälen

Die Erhebung zeigt des Weiteren, dass die älteren Zuschauer tendenziell mehr Zeit mit dem Konsum von Let’s Plays verbringen als das jüngere Publikum. Die errechneten Mediane der jeweiligen Wochentage für die Gruppen Kinder, Jugendliche und junge Erwachsene sind identisch mit den Medianen aus den Gesamtergebnissen. Bei den Erwachsenen I hält sich der Median über die gesamte Woche konstant bei „30 bis 60 Minuten“. Doch bei den Erwachsenen II liegt der Median lediglich am Montag und Dienstag bei „30 bis 60 Minuten“ und an den restlichen Wochentagen bei „über 1 bis 2 Stunden“.

Eine weitere Abweichung von den Gesamtergebnissen existiert auch bei der Frage nach den Gründen dieses Format zu nutzen. Kinder gaben mit 56,8 Prozent am häufigsten an, ihren Lieblings-Let’s-Player unterstützen zu wollen. Danach erst folgten die anderen genannten Gründe aus den Gesamtergebnissen. Bei den jungen Erwachsenen fällt auf, dass sie Let’s Plays vorwiegend aus zwei Gründen schauen: Zum einen finden sie die Kommentare des Bloggers lustig

(71,2 Prozent), zum anderen interessierten sie sich für das Spiel, wollten es aber nicht selber spielen (71 Prozent). Die restlichen Altersgruppen vertraten im Großen und Ganzen die Meinung aus den Gesamtergebnissen.

Der Kostenfaktor spielte bei den meisten Altersgruppen die größte Rolle, wenn es darum ging, lieber zuzusehen statt selber zu spielen. 62,2 Prozent der Kinder ist es allerdings noch etwas wichtiger, die Reaktionen des Let's Players auf bestimmte Spielszenen zu beobachten. Bei ihnen kommt der Kostenfaktor mit 56,8 Prozent erst an zweiter Stelle.

Auch in der Frage der wichtigsten Eigenschaften eines Let's Players heben sich die Kinder deutlich von der Meinung der anderen Altersgruppen ab. Für sie sei Expertise auf dem Fachgebiet (Durchschnittswert von 6,2) am wichtigsten, gefolgt von Charme (5,9), gutes technisches Equipment und Selbstvermarktung-Skills (beide 5,8).

Interessant war auch die unterschiedliche Bereitschaft, ein im Let's Play vorgestelltes Spiel zu kaufen, welche, je älter das Publikum wurde, deutlich abnahm: So haben 38,1 Prozent der Erwachsenen II noch nie ein solches Spiel gekauft und 24,2 Prozent der Erwachsenen I. Bei Jugendlichen waren es nur noch 12,6 Prozent und bei Kindern 8,1 Prozent. Allerdings haben Kinder auch zu 33,3 Prozent angegeben, sich die betreffenden Spiele zu besonderen Anlässen schenken zu lassen.

Gegen Ende der Umfrage wurden die Unterschiede in den Befragungen der verschiedenen Altersgruppen noch einmal richtig spannend: Je älter die Mitwirkenden waren, desto weniger Alternativen gab es für sie zum Let's Play Format. Während Kinder noch zu 78,4 Prozent mindestens noch ein alternatives Format parallel zu Let's Plays verfolgten, nahm mit zunehmenden Alter der Teilnehmer dieser Prozentsatz stetig ab. Wenn es jedoch eine Alternative gab, schauten junge Altersgruppen lieber Comedy-Kanäle (Kinder bis junge Erwachsene gaben das zu 70-80 Prozent an), wohingegen Erwachsene II nur zu 28,6 Prozent Comedy einschalteten. Dafür verfolgten Erwachsene II eher Nachrichten-Kanäle (57,1 Prozent) als Kinder, Jugendliche und junge Erwachsene (durchschnittlich 29 Prozent). Bei den Erwachsenen I und II sind außerdem How-to-Tutorials überdurchschnittlich beliebt (45 und 42,9 Prozent).

Die Verfasserin stellte ferner fest: Je jünger das Publikum, desto mehr Freunde teilten das Let's Play Format. So behaupteten 62,2 Prozent der Kinder, dass ihre Freunde diese Videos vermehrt ansahen. Bei Jugendlichen betraf dies 41,8 Prozent und bei jungen Erwachsenen 20,2 Prozent. Das bedeutet, dass die Autorin aufgrund dieser Erhebung zuverlässig behaupten kann, die Nutzung dieser Unterhaltungsform wird in Zukunft zunehmen.

3.4.4 Vergleiche zu bestehenden Studien

Im Kapitel „2.3 Die Zielgruppe" stellte die Verfasserin zwei bereits bestehende Erhebungen vor, die sich teils mit der Faszination des Let's Play Formats und der Zielgruppe beschäftigen, und zwar die von Heike Stephan mit 280 Teilnehmern und Broadmark mit 102 Befragten. Im Folgenden wird die Bachelorandin kurz die Tendenzen ihrer Forschungsergebnisse mit 1.465 Rezipienten mit denen der anderen Autoren vergleichen.

Im Großen und Ganzen wurde in allen drei Erhebungen dieselbe Hauptzielgruppe ermittelt: Männliche Jugendliche, die selbst Videospiele spielen. Die zweitgrößte Altersgruppen bilden bei allen Erhebungen junge Erwachsene.

Die Autorin hat in ihrer Untersuchung herausgefunden, dass ihre Befragten mehr Zeit mit dem Schauen von Let's Plays am Wochenende verbringen als unter der Woche. Heike Stephan hatte ihre Teilnehmer nicht differenziert nach den einzelnen Wochentagen gefragt. Der Median ihrer Ergebnisse liegt bei „30 bis 60 Minuten". Folglich gleichen sich die Mediane beider Untersuchungen von montags bis donnerstags. Allerdings stellte die Verfasserin, anders als Heike Stephan, einen erhöhten Konsum von „über 1 bis 2 Stunden" am Freitag, Samstag und Sonntag fest.

Die Gründe, warum Rezipienten Let's Plays schauen, sind nicht direkt untereinander vergleichbar. Heike Stephan und Broadmark fanden lediglich heraus, dass die Mehrheit ihrer Teilnehmer sich von Let's Plays unterhalten fühlte. Diese Tatsache wurde von der Autorin vorausgesetzt und in ihrer Arbeit genauer beleuchtet. Allerdings zeigen alle Untersuchungen ähnliche Tendenzen. Die am häufigsten genannten Gründe für das Schauen solcher Videos waren die, entweder den Let's Player besonders zu mögen oder das vorgestellte Spiel interessant zu finden.

Sowohl die Arbeit von Heike Stephan als auch die der Verfasserin ergeben außerdem, dass der Let's Player, abgesehen vom Unterhaltungswert, am wichtigsten ist (31 Prozent bei Heike Stephan und 69 Prozent bei der Autorin).

Die Verfasserin stellt fest: Zwar geben die Untersuchungen ähnliche Tendenzen an, aber sie lassen sich nicht aussagekräftig miteinander vergleichen, da sich zum einen die Teilnehmerzahlen der Erhebungen zu stark voneinander abheben und zum anderen mit unterschiedlichen inhaltlichen Fokussen und Rahmenbedingungen gearbeitet wurde.

3.5 Belegte Hypothesen

Im Folgenden wird die Autorin erläutern, inwiefern die aufgestellten Hypothesen durch ihre Forschung bestätigt oder widerlegt werden konnten.

Hypothese 1: Bei einem Let's Play ist den Zuschauern generell der Moderator am wichtigsten.

Diese Hypothese lässt sich mithilfe der Ergebnisse der **Fragen 11** und **12** analysieren. 69 Prozent aller Rezipienten gaben an, der Let's Player sei ihnen in diesem Format am wichtigsten. Sowohl Männer als auch Frauen sowie alle ermittelten Altersgruppe teilten diese Meinung. Auf einer Sechser-Skala stimmten 44,9 Prozent aller Mitwirkenden dafür, dass der Moderator „super wichtig" sei. 42,3 Prozent war er „wichtig". Somit bestätigen die Forschungsergebnisse die erste Hypothese der Autorin.

Hypothese 2: Je jünger die Zuschauer, desto eher sehen sie den Let's Player als Vorbild an.

Zur Untermauerung dieser Hypothese wurde explizit die **Frage 14** gestellt. Zwar hatte der Let's Player für die Mehrheit jeder Altersgruppe keine Vorbildfunktion inne. Allerdings nahm der Prozentsatz derjenigen, die angaben, den Let's Player als Vorbild zu sehen, zu, je jünger die Befragten wurden. Dies zeigt auch die folgende Abbildung 14:

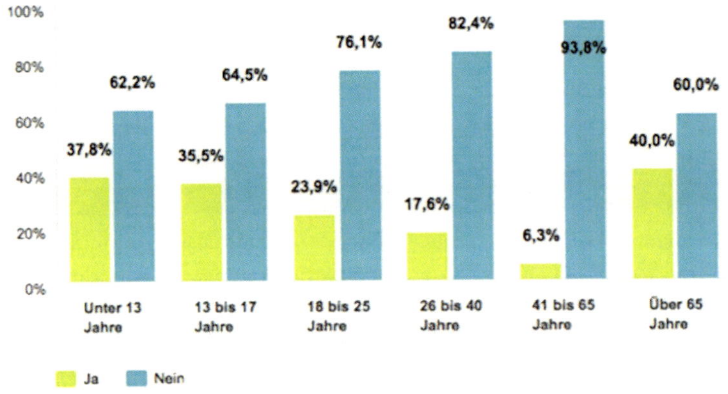

Abbildung 14: Altersunterschiede bei der Vorbildfunktion des Let's Players

Die Prozentangaben der über 65-Jährigen liegen in Abbildung 14 deshalb so hoch, weil es in der Altersgruppe nur sehr wenige Teilnehmer gab. Bei den anderen Altersgruppen ist allerdings eine klare Tendenz zu sehen, dass jüngere Zuschauer eher dazu neigen, den Let's Player als Vorbild zu sehen. Die zweite Hypothese ist somit bestätigt.

Hypothese 3: Let's Plays regen unbewusst zum Kauf der vorgestellten Spiele an.

Zum Beweis dieser Hypothese mussten zwei Voraussetzungen geklärt werden: Zum einen mussten sich die Befragten tatsächlich in einem Let's Play vorgestellte Spiele gekauft haben. Zum anderen setzt das Wort „unbewusst" voraus, dass die Befragten sich keiner Beeinflussung bei ihrer Kaufentscheidung bewusst waren.

Die meisten Rezipienten (67,9 Prozent) kauften sich ein bis fünf Mal ein solches Spiel. Die erste Voraussetzung ist also gegeben.

Frage 18 gibt Aufschluss über die zweite Voraussetzung. Insgesamt gaben 77,7 Prozent der Teilnehmer ihre volle Zustimmung oder die Tendenz zur Zustimmung ab. Die zweite Voraussetzung ist also nicht erfüllt: Den meisten Teilnehmern ist sehr wohl bewusst, dass Let's Plays zum Kauf der vorgestellten Spiele anregen können. Folglich widerlegen die Forschungsergebnisse die dritte Hypothese.

3.6 Ein Blick in die Zukunft

Da vor allem die jungen befragten Altersgruppen behaupteten, die Anzahl ihrer Let's Plays schauenden Freunde würde zunehmen, ist die Autorin der Meinung, dass die Bedeutung von Let's Plays weiter zunehmen wird.

Als Pioniere der neuen, modernen und expandierenden Branche um YouTube und Co. fungieren Videoblogger als Trendsetter für ein neues junges Publikum und setzen neue Maßstäbe im Web 2.0. Dadurch werden sie in den USA schon wie Hollywoodstars angesehen. Jedoch beginnt die Arbeit der Akteure erst jetzt, Gewinn abzuwerfen. Somit vermutet die Autorin, dass die Hochphase des Geschäfts „YouTube" erst in den nächsten Jahren ihren Höhepunkt erreichen wird.

Die Forschungsergebnisse haben auch einen Aspekt aufgezeigt, der es wert ist im Auge behalten zu werden: Der Kostenfaktor ist vielen Befragten Grund genug, lieber ein Let's Play anzuschauen als Spiel und Ausrüstung selber zu erwerben. Sollten immer mehr Gamer den Kauf als zu teuer erachten, wird die

Nutzung dieses Formats zwangsläufig als Ersatz zunehmen. An dieser Stelle möchte die Autorin noch einmal an den psychologischen Ansatz der Interpassivität, dem „delegierten Genießen“, erinnern. Dann hätte ein Let's Play nicht mehr den jetzt an die Zielgruppe signalisierten Werbeeffekt, sondern die umgekehrte Wirkung. Dieser Entwicklung könnten Spielehersteller beispielsweise dadurch entgegen wirken, indem sie darauf achteten, die Preispolitik der Produkte moderat zu halten.

Des Weiteren wurden im Verlauf dieser Arbeit Ansätze entdeckt, die es wert wären in künftigen Forschungen untersucht zu werden. Diese Ansätze werden nun noch einmal zusammengefasst:

- **Die durch den Blogger geschaffene Sozialität im Internet als Ersatz für die Sozialität des echten Lebens**
  Im Kapitel „2.3.2.1 Die Selbstoffenbarung des Bloggers“ stieß die Verfasserin auf einen psychologischen Ansatz der Taiwanerinnen Ko und Kuo. Sie meinten, der Blogger schaffe im Internet menschliche Sozialität, die mit der Sozialität des echten Lebens vergleichbar ist. Das war für Ko und Kuo der Grund, warum Blogger beliebt und erfolgreich sind.

- **Interpassivität in Bezug auf das Let's Play Format und der daraus resultierende Zusatznutzen**
  Im Kapitel „2.3.2.2 Das delegierte Genießen“ stellte die Autorin einen weiteren psychologischen Ansatz vor. Nach diesem Ansatz von Robert Pfaller delegiert der Mensch eigene Handlungen oder Empfindungen an einen Stellvertreter, um zwar uneingeschränkt genießen zu können, aber selbst keinen Aufwand dafür betreiben zu müssen. Dieser Ansatz kann auf das Let's Play Format übertragen werden.
  Bei der Auswertung ihrer Ergebnisse im Kapitel „3.4.1 Gesamtergebnisse“ fand die Bachelorandin zudem heraus, dass sich mehr als die Hälfte der Teilnehmer lieber ein Let's Play anschauen, statt ein Spiel selber zu spielen, um die Reaktionen des Let's Players auf das Spiel zu beobachten. Die Verfasserin schlussfolgerte, dass das Let's Play Format solchen Zuschauern einen entscheidenden Zusatznutzen bietet, was das alleinige Spielen nicht vermag.

- **Let's Plays als günstige Alternative zum Erwerb der Spiele**
  Die Ergebnisse der Autorin zeigten außerdem, dass mehr als die Hälfte der Befragten Let's Plays schauen, weil sie den Erwerb eines vorgestellten Spiels oder Ausrüstung zu teuer finden. Die Bachelorandin hat sich darauf-

hin die Frage gestellt, ob Let's Plays unter diesem Gesichtspunkt noch den aus kommerzieller Sicht erhofften Werbeeffekt auf die Zuschauer haben oder ob sich die Zuschauer gerade deshalb Let's Plays ansehen, um das Spiel nicht kaufen zu müssen und trotzdem genießen zu können.

- **YouTube löst das Fernsehen ab**
  Die Verfasserin wurde von ihren Rezipienten darauf aufmerksam gemacht, dass viele Zuschauer auf YouTube, unabhängig vom Format, diese Plattform so selbstverständlich wie das TV einschalten würden und gar nicht mehr auf konventionelle Art fernsehen würden. Ob diese Aussage auf YouTube-Nutzer allgemein zutrifft bzw. inwieweit YouTube tatsächlich das konventionelle Fernsehen ablösen könnte, müsste in einer anderen Erhebung bestätigt oder widerlegt werden.

4 Zusammenfassung

Ziel dieser Arbeit war es herauszufinden, warum Blogger auf YouTube so erfolgreich, gemessen an ihren Abonnentenzahlen, sind am Beispiel von Let's Playern im deutschsprachigen Raum. Was macht die Faszination dieses Formats aus? Der Schlüssel zum Erfolg liegt in der Zielgruppe und ihrer Nachfrage. Um den Erfolg von Videoblogs zu erforschen, entschied sich die Verfasserin, beispielhaft an deutschen Let's Play Communities mithilfe einer vollstandardisierten Befragung die Beweggründe der Zielgruppe herauszufinden. An dieser Erhebung nahmen 1.465 Mitwirkende teil.

Zu Beginn ihrer Arbeit im Kapitel „1.1 Zielsetzung der Arbeit" definierte die Autorin sechs Teilfragen, die explizit die Zielgruppe und auch das Hauptziel der Arbeit betreffen. Diese Fragen wurden durch die Erhebung der Verfasserin zusammengefasst wie folgt beantwortet:

1. Wer gehört zur Zielgruppe solcher Let's Play Videos?

Die Hauptzielgruppe des deutschen Let's Play Formats sind männliche Jugendliche, die noch Schüler sind. Sie spielen selber Videospiele. Da sie YouTube viel nutzen, haben sie auch einen Account auf der Plattform und folgen dort einigen Videobloggern, darunter natürlich auch Let's Playern.

2. Wie viel Zeit verbringt die Zielgruppe damit, Videos der Let's Player anzuschauen?

Am häufigsten genießt die Zielgruppe Let's Plays am Wochenende. Ein erhöhter Konsum ist schon ab Freitag festzustellen. Der ermittelte Median liegt am Freitag und am Wochenende bei über eine bis zwei Stunden, während montags bis donnerstags bis zu einer Stunde Let's Plays eingeschaltet werden.

3. Welchen Mehrwert verspricht sich die Zielgruppe von Let's Plays, bzw. was macht für sie die Faszination dieses Formats aus?

Die meisten Zuschauer interessieren sich für ein bestimmtes Spiel, wollen es jedoch nicht erwerben, insbesondere aus Kostengründen oder weil sie lieber die Reaktionen des Let's Players sehen als selbst zu spielen (Erlebnis-Mehrwert gegenüber dem eigenen Spiel). Mehr als die Hälfte des befragten Publikums schaut Let's Plays wegen der lustigen Kommentare des Bloggers. Mehr als die Hälfte von ihnen stimmten zu, Let's Plays als Informationsquelle zu nutzen um herauszufinden, ob ein Kauf sich lohnt.

4. Was ist der Zielgruppe bei einem Let's Play besonders wichtig?

Dem Großteil des Publikums ist der Let's Player bei diesem Format generell am wichtigsten. Der Kommentator muss vor allem Humor besitzen, gut moderieren können und charmant wirken. Allerdings hat der Blogger für die meisten Zuschauer keine Vorbildfunktion.

5. Haben Let's Player bewusst oder unbewusst Einfluss auf ihre Zielgruppe und deren Kaufentscheidung auf dem Gaming-Markt?

Mehr als die Hälfte der Rezipienten hat sich schon ein bis fünf Mal ein im Let's Play vorgestelltes Spiel gekauft. Den meisten Zuschauern ist auch bewusst, dass Let's Plays zum Kauf eines vorgestellten Spiels animieren können bzw. großen Einfluss auf die Kaufentscheidung haben.

6. Wird die Zielgruppe auch künftig dem Let's Play Format treu bleiben?

Wahrscheinlich kann dies bejaht werden. Zwar verfolgt mehr als die Hälfte der Befragten auch gern andere Formate wie Comedy- oder Musikvideos. Allerdings lassen die Antworten der Mitwirkenden eine Tendenz erkennen, dass die Nutzung dieser Unterhaltungsform sogar zunimmt.

Antwort auf die Kernfrage

Abschließend kann die Kernfrage dieser Arbeit wie folgt beantwortet werden: Die wahrgenommene Persönlichkeit des Bloggers ist wesentlich für seinen Erfolg. Besonders die Eigenschaften Humor/(Selbst-)Ironie, gute Moderation-Skills und Charme werden an ihm geschätzt. Der Mehrwert des Formats Let's Play liegt für den Nutzer im Wesentlichen darin, dass er Spiele kennenlernen kann, ohne diese selbst zu spielen, und dabei zusätzlich zum einen Kosten vermeiden kann und zum anderen einen Erlebnisgewinn aus der Beobachtung der Reaktion des Spielers ziehen kann.

5 Glossar

Abonnenten	Als „Abonnenten“ werden die Follower der Videoblogger bezeichnet. Sobald der Internetnutzer einen Videoblogger abonniert, wird er stets über neueste Uploads des Bloggers informiert. Abonnements auf YouTube sind kostenlos.
Allods Online	„Allods Online“ ist ein kostenloses Massively Multiplayer Online Role-Playing Game(MMORPG) für den Computer. Es wurde vom Allods Team entwickelt und von der Mail.Ru Group veröffentlicht. 2009 gewann es einen Preis als bestes Spiel des Jahres.
Fan-Art	Als „Fan-Art“ werden in dieser Arbeit von Fangruppen angefertigte Werke bezeichnet, in denen Inhalte, Charaktere und anderes Gedankengut bestehender Filme, Serien, Videospiele, Comics oder ähnlichem verwendet werden.
Guild Wars II	„Guild Wars II“ ist ein Massively Multiplayer Online Role-Playing Game(MMORPG) für den Computer. Es kam 2012 heraus und wurde von ArenaNet entwickelt. Veröffentlicht wurde es allerdings von NCsoft.
Influencer	„Influencer“ (Engl. für „Meinungsführer) können Trends und Hypes im Internet auslösen und beeinflussen. Da sie auch wichtige Fachkenntnisse, Kontakte und Einfluss besitzen, können sie als Multiplikatoren für die jeweilige Werbebotschaft dienen. (Mai, 2012)
Influencer Marketing	„Influencer Marketing“ ist eine Marketingdisziplin, die gezielt Meinungsmacher in die Kommunikation einbindet. Aufgrund ihres Einflusses auf Entscheidungen potenzieller Kunden gelten Beurteilungen und Bewertungen der Influencer zu Produkten, Dienstleistungen, Marken und Unternehmen – online wie offline – als wichtiger Erfolgsfaktor im Marketingmix. (Eicher, 2015)
Median	Der Wert, der genau in der Mitte einer Datenverteilung liegt, nennt sich „Median“ oder „Zentralwert“. (Statista (Hrsg.), o.J.)

Minecraft	„Minecraft“ ist ein Open-World-Spiel für den Computer von 2009. Bis 2014 wurde es von der Firma Mojang entwickelt und veröffentlicht. Im September 2014 übernahm Microsoft für 1,9 Milliarden Euro die Rechte an dem Spiel und die Entwicklung. (Gieselmann, 2014)
Overlord	„Overlord“ ist eine Action-Rollenspiel-Videospielreihe für den Computer und für die Konsole. Der erste Teil erschien 2007. Es wurde von Trimph Studios entwickelt und von Codemasters veröffentlicht. Den Vertrieb übernahm Warner Bros. Interactive.
Pro-Gamer	Ein „Pro-Gamer“ ist ein Könner auf dem Gebiet des Videospielens. Der Begriff wird oft auch für jene verwendet, die sich am professionellen E-Sport beteiligen.
Publisher	Als „Publisher“ (Engl. für „Verleger“) werden in dieser Arbeit Unternehmen bezeichnet, die Videospiele veröffentlichen bzw. vertreiben.
Re-Upload	„Re-Uploads“ (Engl. für „erneut hochladen“) bezeichnen im Kontext dieser Arbeit Videos auf YouTube, die erneut hochgeladen werden mussten, weil vorherige Versionen gelöscht wurden oder nicht mehr funktionierten.
Rise of the Tomb Raider	„Rise of the Tomb Raider“ ist ein Action-Adventure-Spiel. Es erschien 2015 und wurde von Crystal Dynamics und Eidos Montreal entwickelt. Als Publisher fungierten Square Enix und Microsoft Studios.
The Immortal	„The Immortal“ ist ein Rollenspiel für den Computer aus dem Jahr 1990. Es wurde von Sandcastle entwickelt und von Electronic Arts veröffentlicht.
User	Als „User“ (Engl. für „Anwender“) wird ein Computer-Nutzer bezeichnet.

6 Literaturverzeichnis

Allmer, 2015: Allmer, Tillmann, „Influencer Relations: So funktioniert Einfluss", 12.06.2015, Weber Shandwick https://blog.webershandwick.de/influencer-relations-funktioniert-einfluss-heute/ (Stand: 24.11.2015)

Andreß, 1999: Andreß, Hans-Jürgen, „Formen der Befragung", 15.10.1999, Uni Köln http://eswf.uni-koeln.de/lehre/stathome/folien/v0217.htm (Stand: 12.10.2015)

Amann, 2011: Amann, Caroline, „Interpassivität", 30.12.2011, Uni Kiel http://filmlexikon.uni-kiel.de/index.php?action=lexikon&tag=det&id=7243 (Stand: 12.11.2015)

Ault, 2014: Ault, Susanne, „Survey: YouTube Stars More Popular Than Mainstream Celebs Among U.S. Teens", 05.08.2014, Variety http://variety.com/2014/digital/news/survey-youtube-stars-more-popular-than-mainstream-celebs-among-u-s-teens-1201275245/ (Stand: 23.11.2015)

Banner, 2014: Banner, Tanja, „YouTube: 300 Stunden neues Videomaterial pro Minute", 11.12.2014, Social Media Statistik http://www.socialmediastatistik.de/youtube-300-stunden-neues-videomaterial-pro-minute/#more-2518 (Stand: 06.10.2015)

Basic, o.J.: Basic, Robert, „Lexikon – Blog – Was ist ein Blog?", o.J., Gründerszene http://www.gruenderszene.de/lexikon/begriffe/blog (Stand: 16.10.2015)

Bimboese, 2014: Bimboese, Max, „Die Markenmacht der Blogger: Das Paradebeispiel der Lifestyle-Blogger-Szene", 09.05.2014, Markenzeichen http://www.markenzeichen.eu/de/blog/detail/die-markenmacht-der-blogger-das-paradebeispiel-der-lifestyle-blogger-szene (Stand: 19.10.2015)

Böhm, 2012: Böhm, Markus, „Let's Play-Videos: Zocken für Zehntausende", 30.01.2012, Spiegel Online http://www.spiegel.de/netzwelt/games/let-s-play-videos-zocken-fuer-zehntausende-a-811499.html (Stand: 26.10.2015)

Burgard-Arp, 2015: Burgard-Arp, Nora, „YouTuber und Multichannel Netzwerke: Das sind die wichtigsten deutschen Player“, 13.01.2015, Meedia http://meedia.de/2015/01/13/youtuber-und-multichannel-netzwerke-das-sind-die-wichtigsten-deutschen-player/ (Stand: 26.11.2015)

comScore (Hrsg.), 2012: comScore (Hrsg.), „Online-Video-Konsum der Deutschen steigt weiter stark an“, 14.05.2012 http://www.comscore.com/ger/Insights/Pressemitteilung/2012/5/Online-Video-Konsum-der-Deutschen-steigt-weiter-stark-an (Stand: 06.10.2015)

Eicher, 2015: Eicher, David, „Influencer Marketing“, 16.06.2015, Digital Wiki http://www.digitalwiki.de/influencer-marketing/ (Stand: 26.10.2015)

Fleing, 2013: Fleing, Elke, „Bloggerstudie 2013: Was Unternehmen und Blogger daraus lernen können“, 19.09.2013, Deutsche Startups http://www.deutsche-startups.de/2013/09/19/bloggerstudie-2013-was-unternehmen-und-blogger-daraus-lernen-konnen/ (Stand: 24.11.2015)

Getshirts (Hrsg.), o.J.: Getshirts (Hrsg.), „Gronkh Official Merchandising“ o.J., o.S
http://www.getshirts.de/index.php?page=shop&id=gronkh
(Stand: 27.10.2015)

Gieselmann, 2014: Gieselmann, Hartmut, „Microsoft kauft Minecraft-Entwickler Mojang für 2,5 Milliarden US-Dollar“, 15.09.2014, Heise Online http://www.heise.de/newsticker/meldung/Microsoft-kauft-Minecraft-Entwickler-Mojang-fuer-2-5-Milliarden-US-Dollar-2391574.html
(Stand: 27.10.2015)

Goldmedia (Hrsg.), 2015: Goldmedia (Hrsg.), „YouTube wird zum Alltagsmedium“, 26.02.2015 http://www.goldmedia.com/newsletter/presseverteiler/pressemeldung-26022015-youtube-wird-alltagsmedium.html (Stand: 06.10.2015)

Gronkh (Hrsg.), 2010: Gronkh (Hrsg.), „Let’s Play Allods Online #001 [Deutsch] [HD] – Die Charakter-Erstellung“, 09.04.2010, YouTube-Video, Dauer 10:00 Minuten, YouTube https://www.youtube.com/watch?v=88ZU78JH0E8&list=PL6F64BBB5C9B3174D&index=1 (Stand: 27.10.2015)

Gronkh (Hrsg.), 2014, a: Gronkh (Hrsg.), „MINECRAFT [HD+] #1251 – Penile Docking-Station | Let's Play Minecraft", 25.01.2014, YouTube-Video, Dauer 20:25 Minuten, YouTube https://www.youtube.com/watch?v=isdntn6dqvM&list=PLGWGc5dfbzn8Vzp-a3f4IHzbr254hhrcz&index=52 (Stand: 27.10.2015)

Gronkh (Hrsg.), 2014, b: Gronkh (Hrsg.), „YouTube-„Stars" & Netzwerke", 23.12.2014, YouTube-Video, Dauer 1:05:47 Stunden, YouTube https://www.youtube.com/watch?v=Vp7n8Wcmexk (Stand: 23.11.2015)

Gronkh (Hrsg.), 2015: Gronkh (Hrsg.), „Let's Rutsch in Richtung 2015", 02.01.2015, YouTube-Video, Dauer 2:05:43 Stunden, YouTube https://www.youtube.com/watch?v=sG9U8VLiulY (Stand: 11.11.2015)

Horchert, 2012: Horchert, Judith, „Let's-Play-Stars Gronkh und Sarazar: Deutschlands berühmteste Vorspieler", 22.10.2012, Spiegel Online http://www.spiegel.de/netzwelt/games/let-s-play-videos-machten-gronkh-und-sarazar-beruehmt-a-859241.html (Stand: 27.10.2015)

Jawed (Hrsg.), 2005: Jawed (Hrsg.), „Me at the zoo", 23.04.2005, YouTube-Video, Dauer 0:18 Sekunden, YouTube https://www.youtube.com/watch?v=jNQXAC9IVRw (Stand: 26.11.2015)

Kaiser, 2013: Kaiser, Tina, „YouTube blamiert sich mit Kreuzzug gegen Gamer", 12.12.2013, Die Welt http://www.welt.de/wirtschaft/webwelt/article122870364/YouTube-blamiert-sich-mit-Kreuzzug-gegen-Gamer.html (Stand: 26.10.2015)

Kaufmann, 2014: Kaufmann, Sabine, „Spiegelneuronen", 07.11.2014, ARD – Planet Wissen http://www.planet-wissen.de/natur/forschung/spiegelneuronen/pwwbspiegelneuronen100.html (Stand: 12.11.2015)

Klimeš, 2015: Klimeš, Tim, „Die Youtube-Story", 23.09.2015, Dauer 43:54 Minuten, ZDF Info http://www.zdf.de/zdfinfo/die-youtube-story-die-erfolgsgeschichte-des-videoportals-39477658.html (Stand: 06.10.2015)

Ko/Kuo, 2009: Ko, Hsiu-Chia und Kuo, Feng-Yang, „Can Blogging Enhance Subjective Well-Being Through Self-Disclosure?" in „CyberPsychology & Behavior", Volume 12, 2009, ab S.75, Mary Ann Liebert Inc. (Hrsg.)

Könneker, 2009: Könneker, Carsten, „Mediale Formen“, 07.08.2009, SciLogs Wissenschaftsblogs http://www.scilogs.de/gute-stube/mediale-formen-wissenschaftskommunikation/ (Stand: 16.10.2015)

Kucharz, 2014: Kucharz, Jannis, „Die Entwicklung der Youtube Netzwerke“, 20.09.2014, Netzfeuilleton http://netzfeuilleton.de/die-entwicklung-der-youtube-netzwerke/ (Stand: 15.12.2015)

Kucharz, 2015: Kucharz, Jannis, „LeFloid geht zu Studio71, dem YouTube Netzwerk von ProsiebenSat1“, 11.05.2015, Netzfeuilleton http://netzfeuilleton.de/lefloid-studio71/ (Stand: 26.11.2015)

Lövheim, 2011: Lövheim, Mia, „Personal and Popular – The Case of Young Swedish Female Top-bloggers“, 2011, Nordicom Review 32

Lommen, 2015: Lommen, R., „Lets Plays: Mehr als nur Spielevideos!“, 20.08.2015, Skillgaming http://www.skillgaming.de/lets-plays-mehr-als-nur-spielevideos/ (Stand: 27.10.2015)

Ludwig, 2013: Ludwig, Dominic, „Let’s Play“, 2013, letsplay http://www.letsplay.biz/ (Stand: 26.10.2015)

Mai, 2012: Mai, Jochen, „Influencer Marketing: 6 Prinzipien der Beeinflussung“, 09.12.2012, Karrierebibel http://karrierebibel.de/influencer-marketing/ (Stand: 24.11.2015)

Matzen/Rosenberg, 2015: Matzen, Nea und Rosenberg, Olaf, „Digitaler Journalismus – Medial, digital, genial?“, 18.01.2015, Deutschlandfunk http://www.deutschlandfunk.de/digitaler-journalismus-medial-digital-genial.1184.de.html?dram:article_id=304974 (Stand: 19.10.2015)

Menzel, 2014: Menzel, Lukas, „Das Phänomen Let’s Play“, 26.12.2014, Broadmark http://broadmark.de/allgemein/das-phaenomen-lets-play-2/17622/ (Stand: 26.10.2015)

Meyer, 2015: Meyer, Michael, „Blogger in Deutschland – Publizistisch meist kaum relevant“, 08.08.2015, Deutschlandfunk http://www.deutschlandfunk.de/blogger-in-deutschland-publizistisch-meist-kaum-relevant.761.de.html?dram:article_id=327760 (Stand: 20.10.2015)

Müller/Schall, 2011: Müller, Clemens und Schall, Heidi, „Blogger – Die neuen Influencer" in „IT-Berater und soziale Medien", 2011, S. 93-101, Leinemann, Ralf (Hrsg.), Springer Verlag

MySpassde (Hrsg.), 2013: MySpassde (Hrsg.), „Gronkh und Sarazar bei Stefan Raab – TV total", 21.10.2013, YouTube-Video, Dauer 06:45 Minuten, YouTube
https://www.youtube.com/watch?v=ySo2P9ZeZlA (Stand: 27.10.2015)

Noschka, 2015: Noschka, Thomas, „Was macht große Youtuber so erfolgreich?", 10.03.2015, Internet Innovators
http://internetinnovators.com/index.php/post-de/macht-grosse-youtuber-erfolgreich/ (Stand: 20.10.2015)

Ohne Verfasser, 2013: o.V., „PlayMASSIVE", 06.01.2013, Gronkh-Wiki
http://gronkh-wiki.de/wiki/PlayMASSIVE (Stand: 27.10.2015)

Ohne Verfasser, 2014, a: o.V., „PlayMassive GmbH", 04.07.2014, Gronkh-Wiki
http://gronkh-wiki.de/wiki/PlayMassive_GmbH (Stand: 27.10.2015)

Ohne Verfasser, 2014, b: o.V., „Beziehungen, Arbeit, Statussymbole – Wie das Internet den Menschen verändert", 28.02.2014, n-tv
http://www.n-tv.de/wissen/Wie-das-Internet-den-Menschen-veraendert-article12361466.html (Stand: 11.11.2015)

Ohne Verfasser, 2015, a: o.V., „Die Stars von nebenan – Youtuber faszinieren Millionen junger Leute", April 2015, 3sat
http://www.3sat.de/page/?source=/scobel/181304/index.html
(Stand: 06.10.2015)

Ohne Verfasser, 2015, b: o.V., „Wie sich Prominente ein Zubrot durch Let's Plays verdienen", 16.03.2015, Gulli
http://www.gulli.com/news/25735-wie-sich-prominente-ein-zubrot-durch-lets-plays-verdienen-2015-03-16 (Stand: 23.11.2015)

PlayMassive (Hrsg.), o.J.: PlayMassive (Hrsg.), „Impressum", o.J.
http://www.playmassive.de/content/imprint.html (Stand: 24.11.2015)

Prof. Dr. Kollmann, o.J.: Prof. Dr. Kollmann, Tobias, „Gabler Wirtschaftslexikon", o.J., Springer Gabler Verlag
http://wirtschaftslexikon.gabler.de/Archiv/80687/blog-v11.html
(Stand: 16.10.2015)

Rankseller (Hrsg.), 2013: Rankseller (Hrsg.), „So bloggt Deutschland“, 28.06.2013, BVDW http://www.bvdw.org/medien/rankseller-so-bloggt-deutschland?media=4924 (Stand: 21.10.2015)

re:publica (Hrsg.), 2013: re:publica (Hrsg.), „re:publica 2013: YouTube macht die Stars von heute“, 07.05.2013, YouTube-Video, Dauer 54:51 Minuten, YouTube https://www.youtube.com/watch?v=n54c2LcIp9Q (Stand: 26.11.2015)

Rüger, 2014: Rüger, Arnd, „Let’s Plays oder warum ich am Ende immer wieder bei Gronkh & Sarazar lande!“, 07.02.2014, Planego http://www.planego.de/mag/2014/02/07/lets-plays-oder-warum-ich-am-ende-immer-wieder-bei-gronkh-sarazar-lande/ (Stand: 27.10.2015)

Sarazar (Hrsg.), 2015: Sarazar (Hrsg), „Rise oft he Tomb Raider #001 – Das Abenteuer beginnt“, 11.11.2015, YouTube-Video, Dauer 24:43 Minuten, YouTube https://www.youtube.com/watch?v=oB1XX9aQHW4 (Stand: 24.11.2015)

Scheuß, 2014: Scheuß, Sascha, „Kurioses. Fernsehstar macht Let’s Plays“, 14.04.2014, Playnation http://www.playnation.de/spiele-news/kurioses/fernsehstar-macht-lets-plays-id53245.html (Stand: 23.11.2015)

Scheuß, 2015: Scheuß, Sascha, „Top 10: Die erfolgreichsten deutschen Youtuber“, Juni 2015, Playnation http://www.playnation.de/articles/id36382/10/top-10-erfolgreichsten-deutschen-youtuber-juni-2015.html (Stand: 06.10.2015)

Schnitzler, 2015: Schnitzler, Hermann, „Let’s Play: Wie Gronkh & Co. Millionen begeistern“, 24.01.2015, NOZ http://www.noz.de/deutschland-welt/gut-zu-wissen/artikel/540743/let-s-play-wie-gronkh-amp-co-millionen-begeistern-1 (Stand 26.10.2015)

Schober, 2014: Schober, Desiree, „Wie Meinungsführer Einfluss auf unser Kaufverhalten nehmen“, 24.06.2014, Design war gestern http://www.designwargestern.de/2014/06/wie-meinungsfuehrer-einfluss-auf-unser-kaufverhalten-nehmen/ (Stand: 20.10.2015)

Semle, 2011: Semle, Florian, „Die deutschen Wirtschaftsblogs (Teil 1): Wie Blogs die ökonomische Debatte beeinflussen", 20.12.2011, PR-Blogger http://pr-blogger.de/2011/12/20/die-deutschen-wirtschaftsblogs-wie-blogs-die-okonomische-debatte-beeinflussen/ (Stand: 20.10.2015)

Statista (Hrsg.), o.J.: Statista (Hrsg.), „Statistik-Lexikon: Definition Median", o.J., Statista http://de.statista.com/statistik/lexikon/definition/85/median/ (Stand: 26.11.2015)

Stephan, 2014: Stephan, Heike, „Let's Plays – Kommentierte Spielevideos und ihre Auswirkungen auf die Spielemagazine", 2014, Diplomica Verlag

Steuer, 2015: Steuer, Philipp, „Langweiliges YouTube – Warum der Einheitsbrei regiert", 20.01.2015, Philipp Steuer Blog http://philippsteuer.de/langweiliges-youtube-warum-der-einheitsbrei-regiert/ (Stand: 26.10.2015)

Stiegler/Breitenbach/Zorbach, 2015: Stiegler, Christian und Breitenbach, Patrick und Zorbach, Thomas, „New Media Culture: Mediale Phänomene der Netzkultur", 2015, S.115, transcript Verlag

Tausend, o.J.: Tausend, Ulrich, „Let's Play: FAQ", o.J., 1000 Tausend Medien http://tausend medien.de/lets-play-faq/ (Stand: 26.10.2015)

TechnoratiMedia (Hrsg.), 2013: TechnoratiMedia (Hrsg.), „Digital Influence Report 2013", Juni 2013, Technorati http://technorati.com/report/2013-dir/ (Stand: 21.10.2015)

Theile, 2014: Theile, Nejla, „Youtube: Das Fernsehen der jungen Generation", 28.04.2014, KingKalli http://kingkalli.de/youtube-das-fernsehen-der-jungen-generation/ (Stand: 06.10.2015)

Wandiger, 2013: Wandiger, Peer, „Kann man als Let's Player heute noch erfolgreich werden und Geld verdienen?", 23.10.2013, Selbstständig im Netz http://www.selbstaendig-im-netz.de/2013/10/23/geschaeftsmodelle/kann-man-als-lets-player-heute-noch-erfolgreich-werden-und-geld-verdienen/ (Stand: 27.10.2015)

Weidmann, 2013: Weidmann, Cédric, „Robert Pfaller; Interpassivität und Spiel“, 04.10.2013, Freies Feld – Games, Literature, Economics http://freiesfeld.ch/2013/10/04/robert-pfaller-interpassivitat-und-spiel/ (Stand: 12.11.2015)

Xbox (Hrsg.), o.J.: o.V., o.J., Xbox.com http://www.xbox.com/de-DE/games/rise-of-the-tomb-raider (Stand: 24.11.2015)

YouTube (Hrsg.), o.J.: Youtube (Hrsg.), „Statistik“, o.J. https://www.youtube.com/yt/press/de/statistics.html (Stand: 06.10.2015)

YouTube-Kanal der Superhomies, 2011: Superhomies (Hrsg.), „Kanalinfo“, 03.06.2011, YouTube https://www.youtube.com/user/diesuperhomies/about (Stand: 11.11.2015)

YouTube-Kanal von Gronkh, 2006: Gronkh (Hrsg.), „Kanalinfo“, 12.03.2006, YouTube https://www.youtube.com/user/Gronkh/about (Stand: 06.10.2015)

YouTube-Kanal von LeFloid, 2007: LeFloid (Hrsg.), „Kanalinfo“, 14.10.2007, YouTube https://www.youtube.com/user/LeFloid/about (Stand: 20.10.2015)

Zachert, 2014: Zachert, Christina, „Neue Formen des Marketings – Neuprodukt-einführung, Vermarktung über Let's Player“, 2014, Hochschule Mittweida

7 Anlagen

7.1 Fragebogen der Onlinebefragung, erstellt durch die Verfasserin

Herzlich Willkommen zu meiner Umfrage!
Diese Befragung findet im Rahmen meiner Forschung für meine Bachelorarbeit zum Thema „Faszination Let's Play – Warum Blogger auf YouTube so erfolgreich sind am Beispiel von Let's Playern im deutschsprachigen Raum“ statt. Bitte nimm nur an dieser Umfrage teil, wenn Du Let's Plays auf YouTube guckst. Die Befragung dauert ungefähr 5 Minuten.
Danke für Deine Unterstützung!

*Frage 1: Bist Du männlich oder weiblich?

Antwort 1: Männlich
Antwort 2: Weiblich

*Frage 2: Wie alt bist Du?

Antwort 1: Unter 13 Jahre
Antwort 2: 13 bis 17 Jahre
Antwort 3: 18 bis 25 Jahre
Antwort 4: 26 bis 40 Jahre
Antwort 5: 41 bis 65 Jahre
Antwort 6: Über 65 Jahre

*Frage 3: Was machst Du beruflich?

Antwort 1: Schüler(in)
Antwort 2: Student(in)
Antwort 3: Auszubildende(r)
Antwort 4: Angestellte(r)
Antwort 5: Selbstständige(r)/Freiberufler(in)
Antwort 6: Rentner(in)
Antwort 7: Zurzeit arbeitssuchend
Antwort 8: Sonstiges

*Frage 4: Hast Du einen YouTube Account bzw. einen Google Account?

Antwort 1: Ja
Antwort 2: Nein

Wenn „Ja", Frage 5: Wie viele Let's Play Kanäle hast Du ungefähr abonniert?

Antwort 1: Keinen
Antwort 2: 1 bis 5 LP-Kanäle
Antwort 3: 6 bis 10 LP-Kanäle
Antwort 4: 11 bis 20 LP-Kanäle
Antwort 5: 21 bis 30 LP-Kanäle
Antwort 6: Mehr als 30 LP-Kanäle

*Frage 6: Spielst Du selbst Videospiele?

Antwort 1: Ja
Antwort 2: Nein

*Frage 7: Wenn Du Let's Plays schaust, wie viel Zeit verbringst Du dann im Durchschnitt damit und wie oft schaust Du durchschnittlich Let's Plays? Kreuze in der unten stehenden Matrix die Kästchen an, die auf Deinen durchschnittlichen Let's Play Konsum passen. (Mehrfachnennungen möglich)

	Unter 30 Minuten	30 bis 60 Minuten	Über 1 bis 2 Stunden	Über 2 bis 3 Stunden	Über 3 Stunden
Montag					
Dienstag					
Mittwoch					
Donnerstag					
Freitag					
Samstag					
Sonntag					

Frage 8: Bei welchem deutschen Let's Play Kanal schaust Du regelmäßig (mindestens jedes zweite Mal, wenn Du Let's Plays schaust) rein? (Mehrfachnennungen möglich) (Randomisiert)

Antwort 1: Gronkh
Antwort 2: Dner
Antwort 3: PietSmiet
Antwort 4: Sarazar
Antwort 5: GermanLetsPlay
Antwort 6: Zombey
Antwort 7: CommanderKrieger
Antwort 8: Debitor
Antwort 9: Honeyball
Antwort 10: TobinatorLetsPlay
Antwort 11: Andere

*Frage 9: Warum schaust Du Let's Plays? (Mehrfachnennungen möglich)

Antwort 1: Weil ich die Kommentare des Let's Players lustig finde
Antwort 2: Weil ich den betreffenden Let's Player unterstützen möchte
Antwort 3: Um zu sehen, ob ein Kauf sich lohnt
Antwort 4: Um Hilfe oder Tipps für das Spiel zu bekommen
Antwort 5: Um alternative Wege durch ein Spiel zu sehen, ohne es selbst noch einmal spielen zu müssen
Antwort 6: Weil ich mich für das Spiel interessiere, es aber nicht selbst spielen möchte
Antwort 7: Andere Gründe

Frage 10: Welche Gründe hast Du, ein Spiel nicht selbst zu spielen, sondern es nur als Let's Play zu schauen? (Mehrfachnennungen möglich)

Antwort 1: Ich habe nicht die Zeit das Spiel selbst zu spielen
Antwort 2: Ich besitze nicht die nötigen Gaming-Skills um das Spiel durchzuspielen
Antwort 3: Ich fürchte mich zu sehr das Spiel selbst zu spielen (z.B. Horrorspiele, oder ähnliches)
Antwort 4: Ich bin noch nicht alt genug, um das Spiel selbst zu spielen
Antwort 5: Ich schaue mir lieber die Reaktionen des Let's Players an
Antwort 6: Das Spiel bzw. die Ausrüstung für das Spiel sind zu teuer

*Frage 11: Was ist für Dich bei einem Let's Play am wichtigsten?

Antwort 1: Der Let's Player ist mir generell am wichtigsten
Antwort 2: Das Spiel ist mir generell am wichtigsten
Antwort 3: Der Let's Player muss ein erfahrender Spieler sein (Pro-Gamer)
Antwort 4: Die technische Qualität des Videos muss stimmen
Antwort 5: Andere Aspekte

*Frage 12: Auf einer Skala von 1 bis 6: Wie wichtig ist Dir bei einem Let's Play der Moderator an sich?

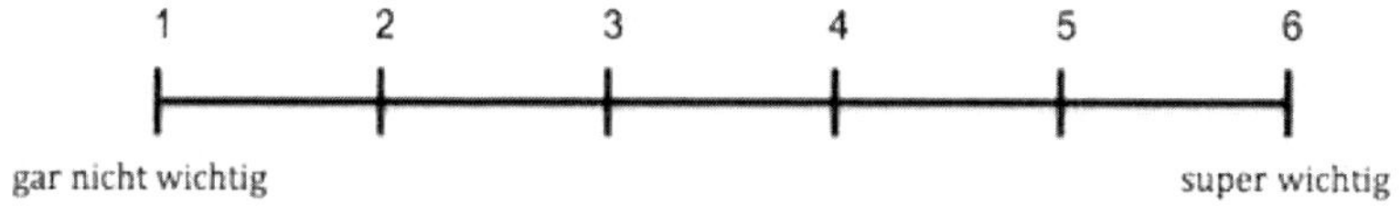

Legende: *1 = gar nicht wichtig*
2 = nicht wichtig
3 = eher unwichtig
4 = weniger wichtig
5 = wichtig
6 = super wichtig

Frage 13: Welche Eigenschaften sind Deiner Meinung nach für einen Let's Player am wichtigsten, um auf YouTube bei der Gaming-Community beliebt zu sein/werden? Wähle im Ranking die Dir wichtigsten Eigenschaften aus, wobei 1 am wichtigsten und 10 am unwichtigsten ist. (Du kannst die Eigenschaften auch mit der Maus verschieben und so Deine Reihenfolge festlegen.) (Randomisiert)

Antwort 1: Humor/(Selbst-)Ironie
Antwort 2: Kreativität
Antwort 3: Selbstvermarktung-Skills
Antwort 4: Schlagfertigkeit
Antwort 5: Charme
Antwort 6: Gute Gaming-Skills
Antwort 7: Expertise auf dem Fachgebiet
Antwort 8: Bodenständigkeit/Bescheidenheit
Antwort 9: Gutes technisches Equipment
Antwort 10: Gute Moderation-Skills

*Frage 14: Siehst Du Deinen Lieblings-Let's-Player als Vorbild an?

Antwort 1: Ja
Antwort 2: Nein

*Frage 15: „Let's Plays spiegeln die unabhängige Meinung der Let's Player zu dem Spiel wieder." – Inwieweit stimmst Du diesem Statement zu?

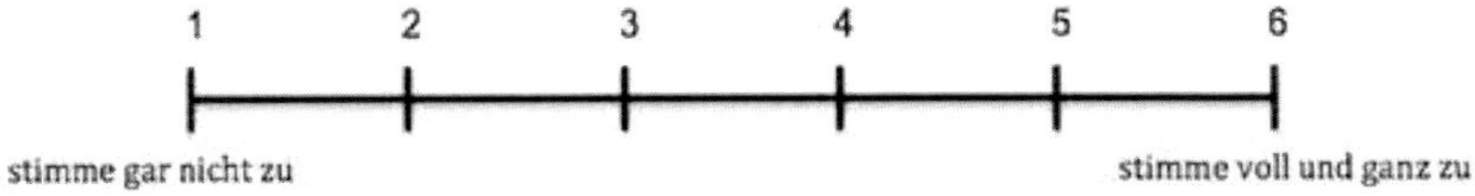

Legende: *1 =* *stimme gar nicht zu*
2 = *stimme nicht ganz zu*
3 = *eher nein*
4 = *eher ja*
5 = *stimme schon zu*
6 = *stimme voll und ganz zu*

*Frage 16: Wie oft hast Du Dir Spiele aufgrund eines Let's Plays gekauft?

Antwort 1: Noch nie
Antwort 2: 1 bis 5 Mal
Antwort 3: 6 bis 10 Mal
Antwort 4: Mehr als 10 Mal

„Noch nie", Frage 17: Was ist der Grund dafür, dass Du Dir noch nie ein Spiel aufgrund eines Let's Plays gekauft hast?

Antwort 1: Beabsichtige ich in der nächsten Zeit
Antwort 2: Hab ich mir noch keine Gedanken drüber gemacht
Antwort 3: Das ist mir zu teuer
Antwort 4: Das verbieten meine Eltern
Antwort 5: Ich wünsche mir diese Spiele lieber zu Weihnachten/Geburtstag/oder anderen Anlässen

*Frage 18: „Let's Plays haben erheblichen Einfluss auf die Kaufentscheidung" – Inwieweit stimmst Du diesem Statement zu?

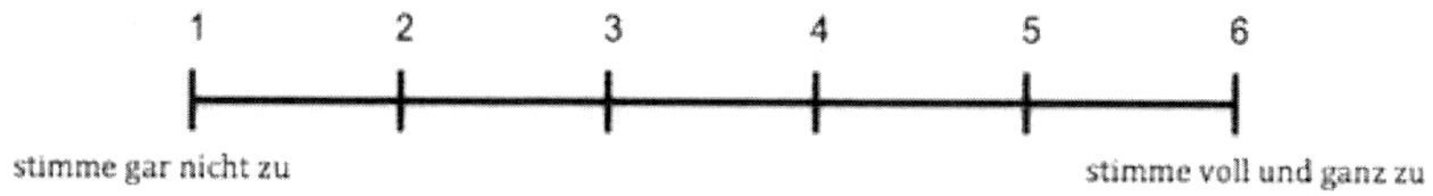

Legende:

Legende:	*1 =*	*stimme gar nicht zu*
	2 =	*stimme nicht ganz zu*
	3 =	*eher nein*
	4 =	*eher ja*
	5 =	*stimme schon zu*
	6 =	*stimme voll und ganz zu*

*Frage 19: Gibt es für Dich auf YouTube eine Alternative zum Let's Play Format?

Antwort 1: Ja
Antwort 2: Nein

„Ja", Frage 20: Welches Format auf YouTube wäre für Dich eine Alternative zum Let's Play Format? (Mehrfachnennungen möglich) (Randomisiert)

Antwort 1: Comedy und Satire
Antwort 2: Nachrichten
Antwort 3: Beauty
Antwort 4: Musik
Antwort 5: Lifestyle
Antwort 6: Reisen
Antwort 7: How-to-Tutorials
Antwort 8: Unternehmenskanäle
Antwort 9: Andere

Frage 21: Schauen immer mehr Freunde von Dir Let's Plays?

Antwort 1: Ja, vermehrt
Antwort 2: Bleibt gleich
Antwort 3: Die Anzahl meiner Freunde, die Let's Plays schauen, nimmt ab

Frage 22: Willst Du noch andere Gedanken über Let's Plays mitteilen?

Offene Frage

Vielen Dank für Deine Unterstützung!
Selbstverständlich werden Deine Angaben streng vertraulich behandelt sowie die Daten anonymisiert ausgewertet. Wenn Du Fragen zur Umfrage hast, kannst Du Dich gern jederzeit per E-Mail (m.pelc@gmx.de) an mich wenden. Ich wünsche Dir noch einen schönen Tag!

**Pflichtfrage*

7.2 Gesamtergebnisse der Onlinebefragung der Autorin

Hinweis 1: Für jede Frage ist angegeben, wie viele Teilnehmer die Frage „beantwortet“ oder „übersprungen“ haben. Die Teilnehmer, die die Umfrage vorläufig abgebrochen haben, werden bei allen folgenden Fragen als „Übersprungen“ gezählt. So kommt es, dass auch Pflichtfragen angeblich übersprungen wurden.

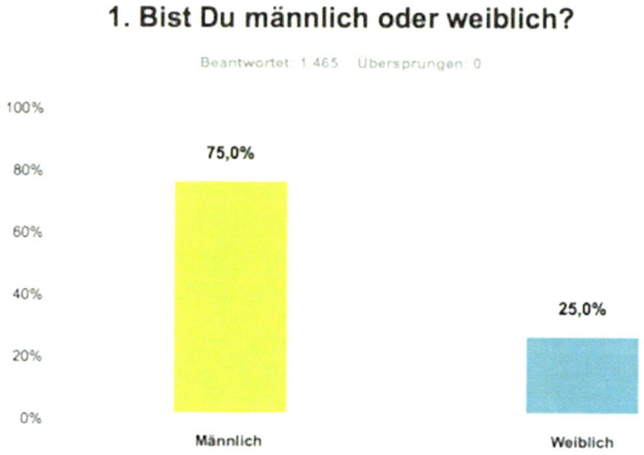

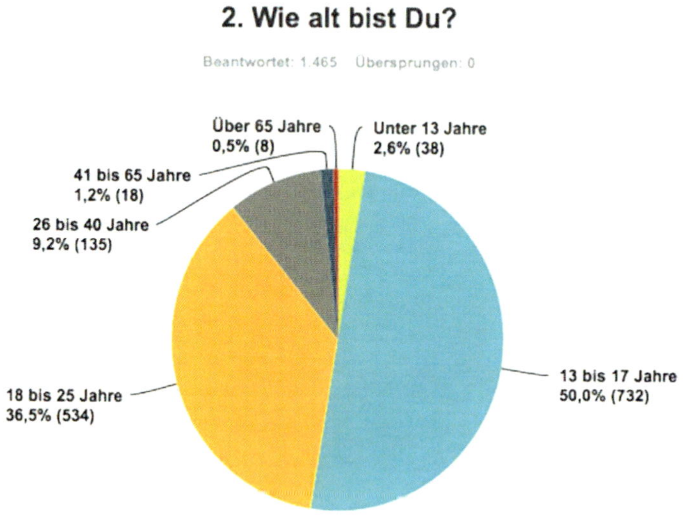

3. Was machst Du beruflich?

Beantwortet: 1.458   Übersprungen: 7

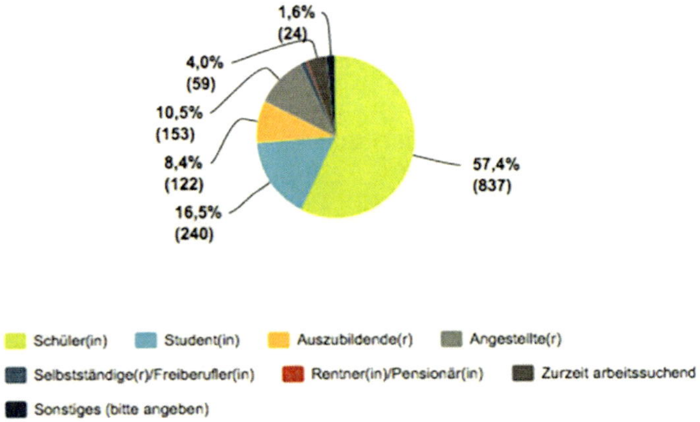

Antwortoptionen		Beantwortungen	
Schüler(in)		**57,4%**	837
Student(in)		**16,5%**	240
Auszubildende(r)		**8,4%**	122
Angestellte(r)		**10,5%**	153
Selbstständige(r)/Freiberufler(in)		**1,2%**	18
Rentner(in)/Pensionär(in)		**0,3%**	5
Zurzeit arbeitssuchend		**4,0%**	59
Sonstiges (bitte angeben)	Beantwortungen	**1,6%**	24
Gesamt			1.458

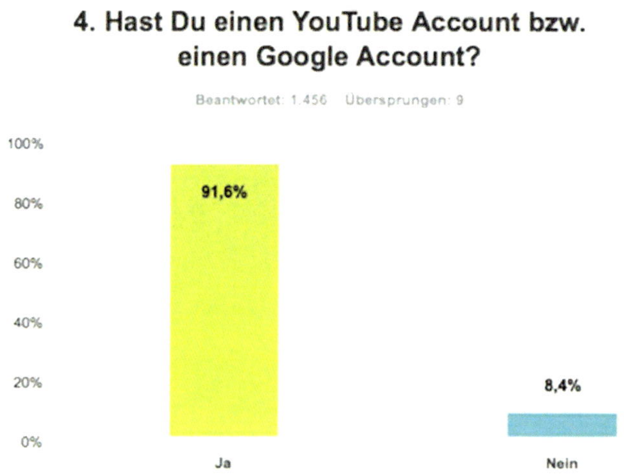
4. Hast Du einen YouTube Account bzw. einen Google Account?
Beantwortet: 1.456 Übersprungen: 9
100%
80%
60%
40%
20%
0%
91,6%
8,4%
Ja
Nein

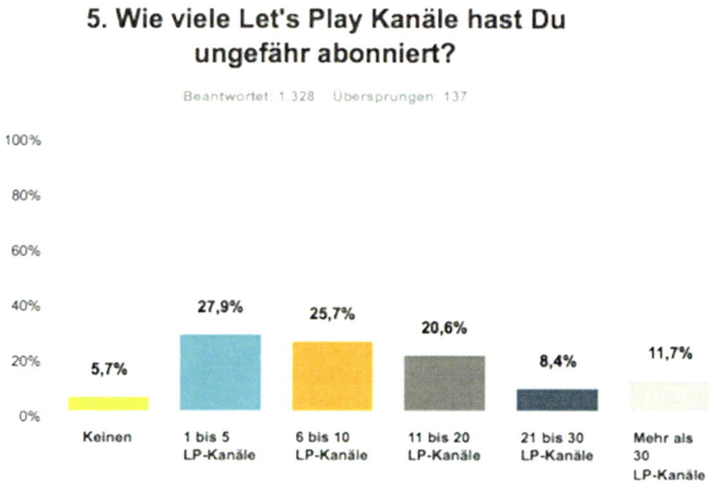
5. Wie viele Let's Play Kanäle hast Du ungefähr abonniert?
Beantwortet: 1.328 Übersprungen: 137
100%
80%
60%
40%
20%
0%
5,7%
27,9%
25,7%
20,6%
8,4%
11,7%
Keinen
1 bis 5 LP-Kanäle
6 bis 10 LP-Kanäle
11 bis 20 LP-Kanäle
21 bis 30 LP-Kanäle
Mehr als 30 LP-Kanäle

6. Spielst Du selbst Videospiele?

Beantwortet: 1.454 Übersprungen: 11

7. Wenn Du Let's Plays schaust, wie viel Zeit verbringst Du dann im Durchschnitt damit und wie oft schaust du durchschnittlich Let's Plays? Kreuze in der unten stehenden Matrix die Kästchen an, die auf deinen durchschnittlichen Let's Play Konsum passen. (Mehrfachnennungen möglich)

Beantwortet: 1.424 Übersprungen: 41

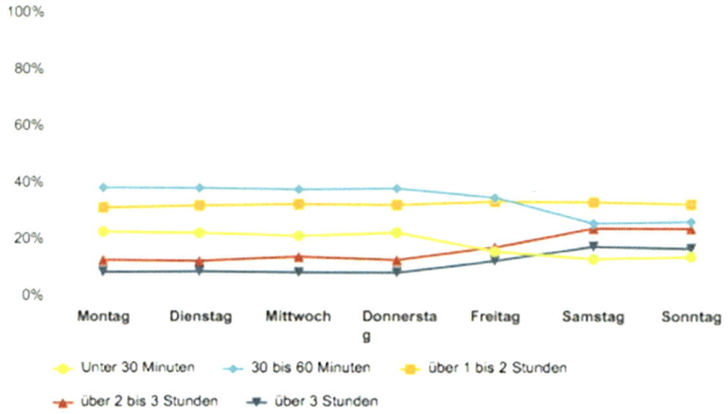

	Unter 30 Minuten	30 bis 60 Minuten	über 1 bis 2 Stunden	über 2 bis 3 Stunden	über 3 Stunden	Gesamt
Montag	20,1% 278	**35,6%** **493**	28,6% 397	10,0% 139	5,7% 79	1 386
Dienstag	19,6% 269	**35,4%** **486**	29,4% 403	9,7% 133	5,9% 81	1 372
Mittwoch	18,6% 256	**34,9%** **480**	29,8% 410	11,1% 153	5,5% 76	1 375
Donnerstag	19,8% 272	**35,2%** **484**	29,5% 406	10,0% 137	5,5% 75	1 374
Freitag	13,0% 179	32,0% 440	**30,7%** **422**	14,6% 201	9,7% 133	1 375
Samstag	10,4% 144	23,0% 319	**30,5%** **424**	21,3% 296	14,8% 206	1 389
Sonntag	11,2% 156	23,6% 327	**29,8%** **414**	21,3% 295	14,1% 196	1 388

Die Mediane der jeweiligen Wochentage sind gelb markiert.

8. Bei welchem deutschen Let's Play Kanal schaust Du regelmäßig (mindestens jedes zweite Mal, wenn Du Let's Plays schaust) rein? (Mehrfachnennungen möglich)

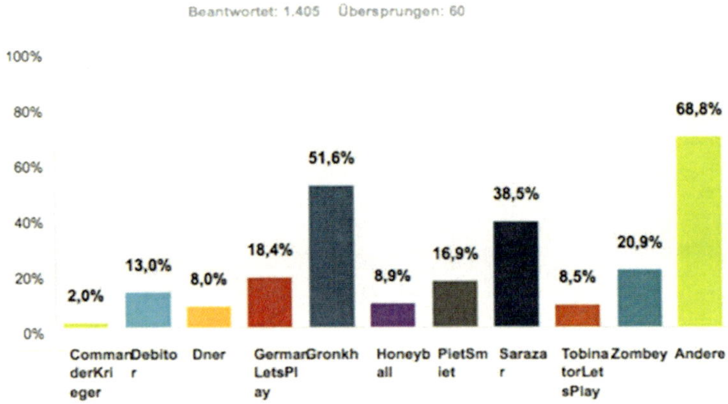

9. Warum schaust Du Let's Plays? (Mehrfachnennungen möglich)

Beantwortet: 1.415 Übersprungen: 50

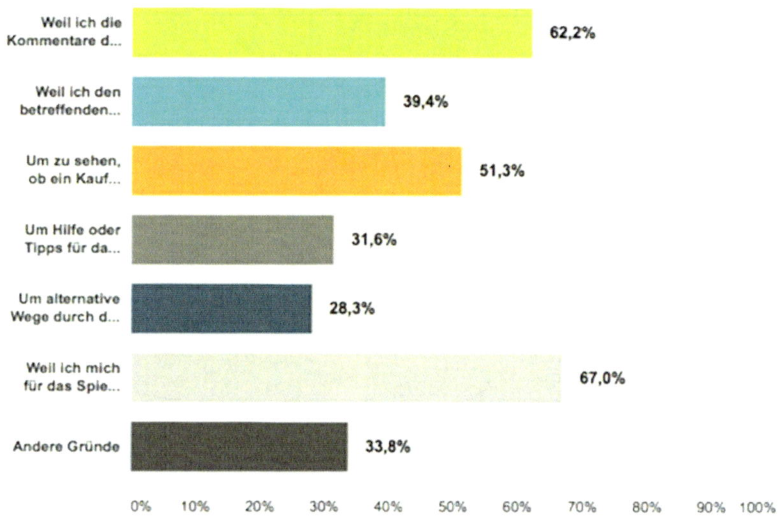

Antwortoptionen	Beantwortungen	
Weil ich die Kommentare des Let's Players lustig finde	62,2%	880
Weil ich den betreffenden Let's Player unterstützen möchte	39,4%	557
Um zu sehen, ob ein Kauf sich lohnt	51,3%	726
Um Hilfe oder Tipps für das Spiel zu bekommen	31,6%	447
Um alternative Wege durch das Spiel zu sehen, ohne es selbst noch einmal spielen zu müssen	28,3%	400
Weil ich mich für das Spiel interessiere, es aber nicht selbst spielen möchte	67,0%	948
Andere Gründe	33,8%	478

Befragte gesamt: 1.415

10. Welche Gründe hast Du, ein Spiel nicht selbst zu spielen, sondern es nur als Let's Play zu schauen? (Mehrfachnennungen möglich)

Beantwortet: 1.395 Übersprungen: 70

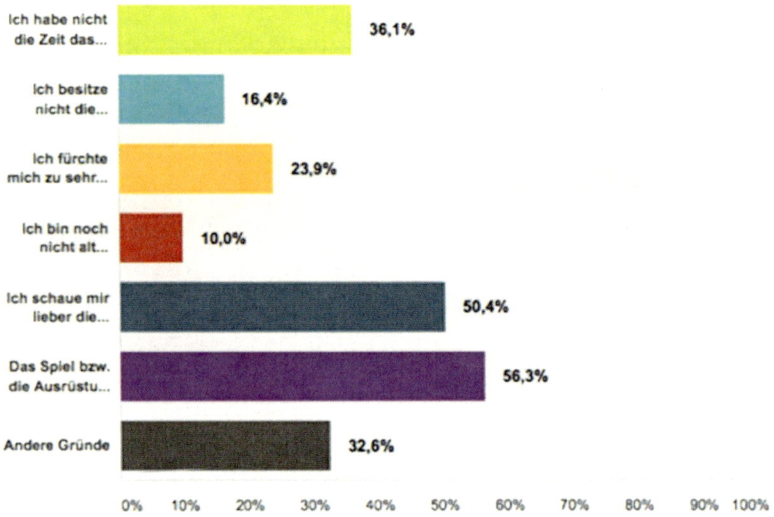

Antwortoptionen	Beantwortungen	
Ich habe nicht die Zeit das Spiel selbst zu spielen	36,1%	503
Ich besitze nicht die nötigen Gaming-Skills um das Spiel durchzuspielen	16,4%	229
Ich fürchte mich zu sehr das Spiel selbst zu spielen (z.B. Horrorspiele, oder ähnliches)	23,9%	334
Ich bin noch nicht alt genug, um das Spiel selbst zu spielen	10,0%	139
Ich schaue mir lieber die Reaktionen des Let's Players an	50,4%	703
Das Spiel bzw. die Ausrüstung für das Spiel sind zu teuer	56,3%	785
Andere Gründe	32,6%	455

Befragte gesamt: 1.395

11. Was ist für Dich bei einem Let's Play am wichtigsten?

Beantwortet: 1.401 Übersprungen: 64

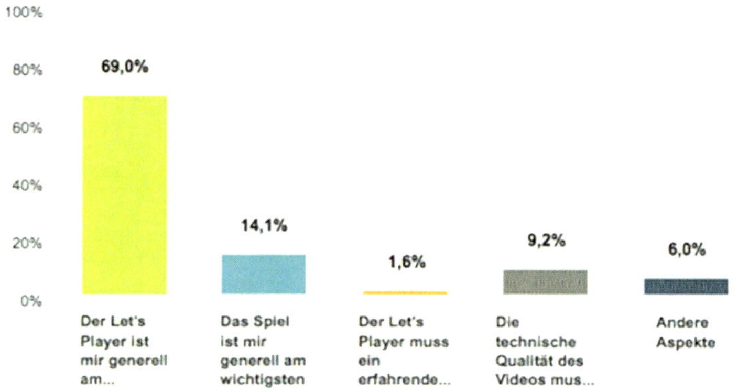

Antwortoptionen	Beantwortungen	
Der Let's Player ist mir generell am wichtigsten	69,0%	967
Das Spiel ist mir generell am wichtigsten	14,1%	198
Der Let's Player muss ein erfahrender Spieler sein (Pro-Gamer)	1,6%	23
Die technische Qualität des Videos muss stimmen	9,2%	129
Andere Aspekte	6,0%	84
Gesamt		1.401

12. Auf einer Skala von 1 bis 6: Wie wichtig ist Dir bei einem Let's Play der Moderator an sich?

Beantwortet: 1.396 Übersprungen: 69

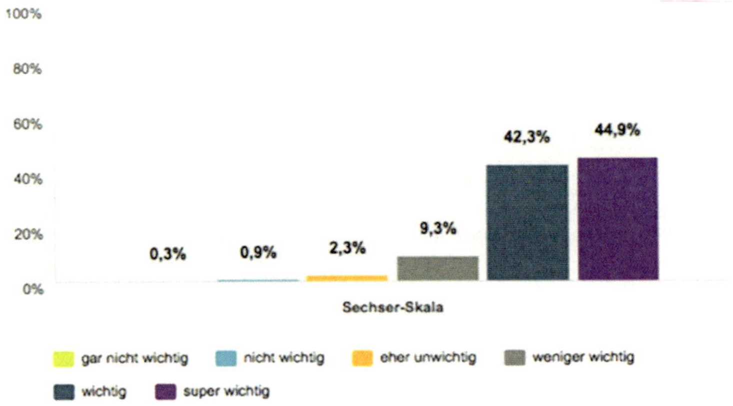

13. Welche Eigenschaften sind Deiner Meinung nach für einen Let's Player am wichtigsten, um auf YouTube bei der Gaming-Community beliebt zu sein/werden? Wähle im Ranking die Dir wichtigsten Eigenschaften aus, wobei 1 am wichtigsten und 10 am unwichtigsten ist. (Du kannst die Eigenschaften auch mit der Maus verschieben und so Deine Reihenfolge festlegen.)

Beantwortet: 1 327 Übersprungen: 138

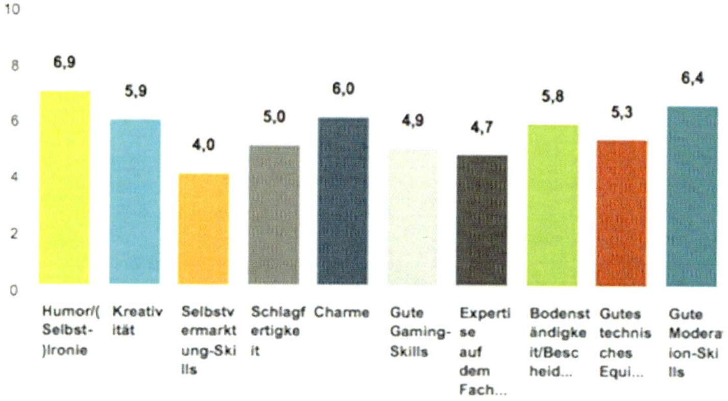

14. Siehst Du Deinen Lieblings-Let's-Player als Vorbild an?

Beantwortet: 1.357 Übersprungen: 108

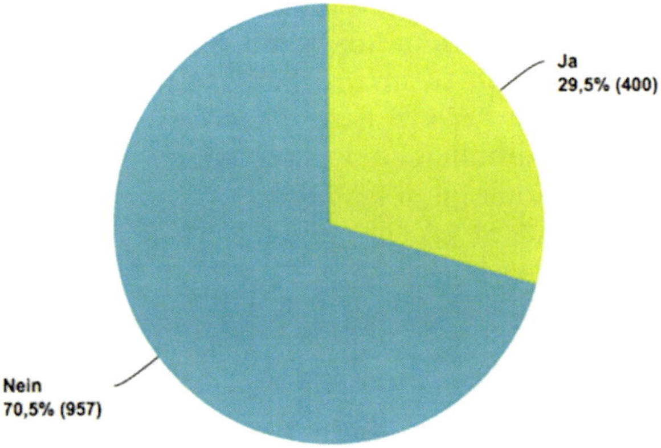

15. „Let's Plays spiegeln die unabhängige Meinung der Let's Player zu dem Spiel wieder." – Inwieweit stimmst Du diesem Statement zu?

Beantwortet: 1.355 Übersprungen: 110

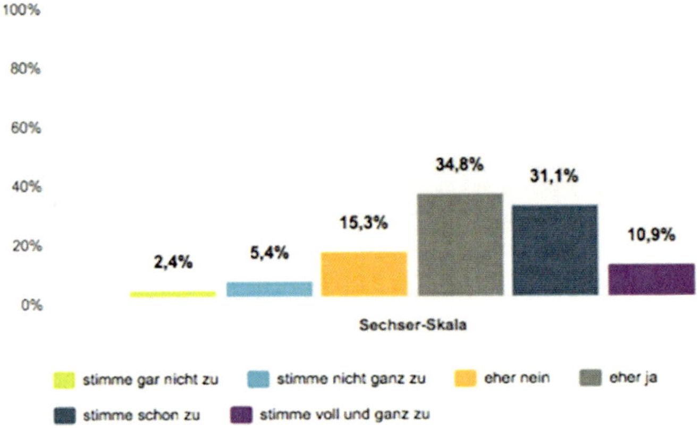

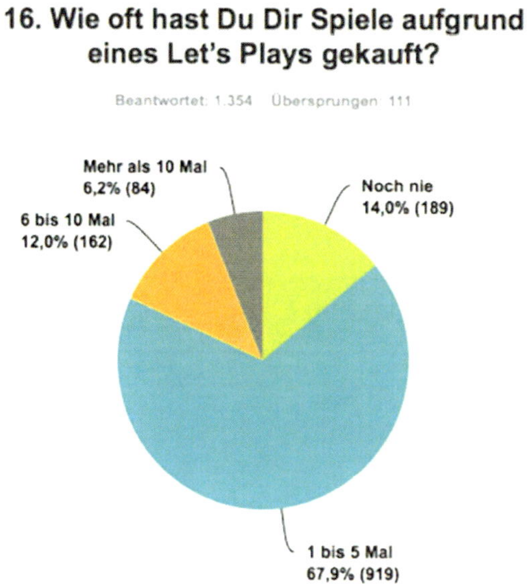
16. Wie oft hast Du Dir Spiele aufgrund eines Let's Plays gekauft?
Beantwortet: 1.354 Übersprungen: 111
Mehr als 10 Mal
6,2% (84)
Noch nie
14,0% (189)
6 bis 10 Mal
12,0% (162)
1 bis 5 Mal
67,9% (919)

17. Was ist der Grund dafür, dass Du Dir noch nie ein Spiel aufgrund eines Let's Plays gekauft hast?

Beantwortet: 184 Übersprungen: 1.281

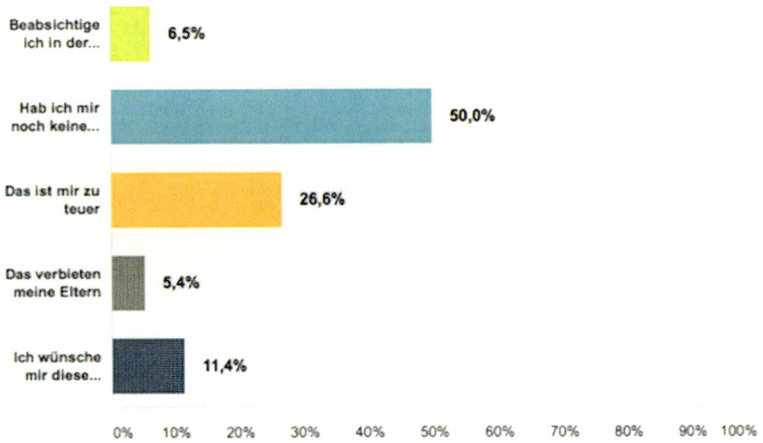

Antwortoptionen	Beantwortungen	
Beabsichtige ich in der nächsten Zeit	**6,5%**	12
Hab ich mir noch keine Gedanken drüber gemacht	**50,0%**	92
Das ist mir zu teuer	**26,6%**	49
Das verbieten meine Eltern	**5,4%**	10
Ich wünsche mir diese Spiele lieber zu Weihnachten/Geburtstag/oder zu anderen Anlässen	**11,4%**	21
Gesamt		184

18. „Let's Plays haben erheblichen Einfluss auf die Kaufentscheidung" – Inwieweit stimmst Du diesem Statement zu?

Beantwortet: 1.354 Übersprungen: 111

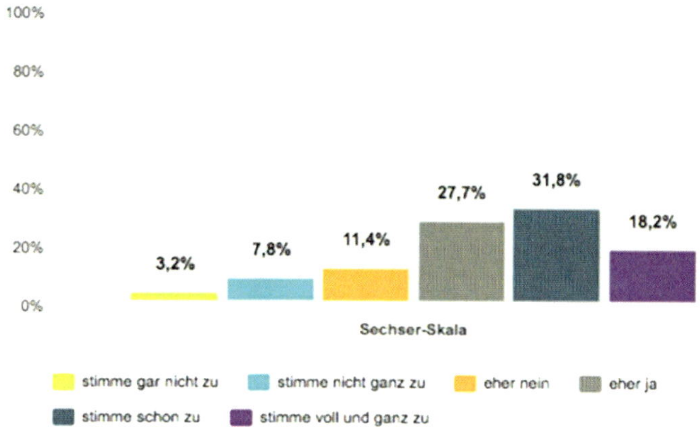

19. Gibt es für Dich auf YouTube eine Alternative zum Let's Play Format?

Beantwortet: 1.353 Übersprungen: 112

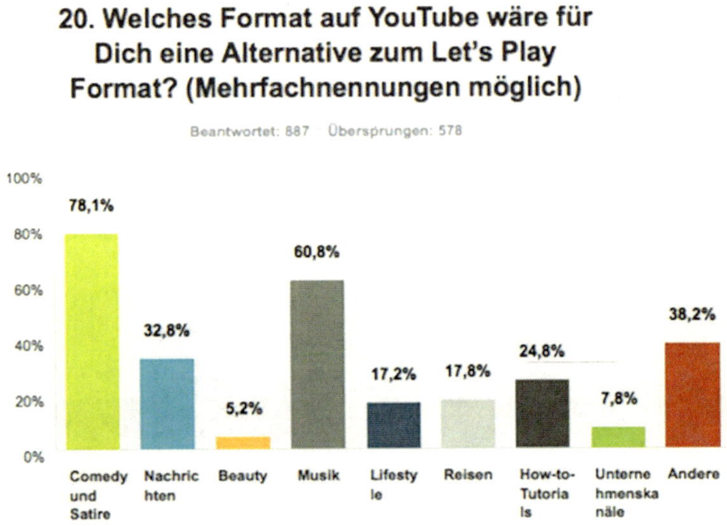

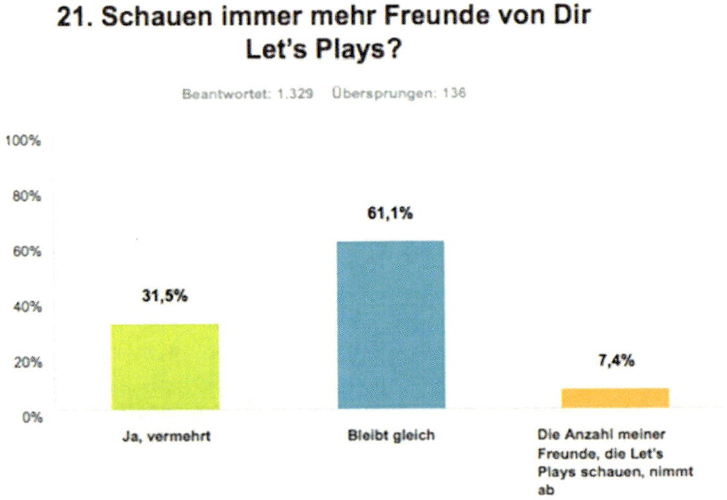

Hinweis 2: Frage 22 war eine offene Frage und daher nicht als Grafik visualisierbar. Ihr Inhalt wird allerdings im Kapitel „3.4 Ergebnisse und Analyse" dieser Arbeit erwähnt.